Bo Hanus

Sanitäranlagen selbst warten und installieren

FRANZIS
DO IT YOURSELF

IM HAUS BAND **5**

Bo Hanus

Sanitäranlagen
selbst warten und reparieren

Leicht gemacht, Geld und Ärger gespart!

Mit 245 farbigen Abbildungen

Bibliografische Information der Deutschen Bibliothek

Die Deutsche Bibliothek verzeichnet diese Publikation in der Deutschen Nationalbibliografie;
detaillierte Daten sind im Internet über **http://dnb.ddb.de** abrufbar.

Wichtiger Hinweis

Alle Angaben in diesem Buch wurden vom Autor mit größter Sorgfalt erarbeitet bzw. zusammengestellt und unter Einschaltung wirksamer Kontrollmaßnahmen reproduziert. Trotzdem sind Fehler nicht ganz auszuschließen. Der Verlag und der Autor sehen sich deshalb gezwungen, darauf hinzuweisen, dass sie weder eine Garantie noch die juristische Verantwortung oder irgendeine Haftung für Folgen, die auf fehlerhafte Angaben zurückgehen, übernehmen können. Für die Mitteilung etwaiger Fehler sind Verlag und Autor jederzeit dankbar.

Internetadressen oder Versionsnummern stellen den bei Redaktionsschluss verfügbaren Informationsstand dar. Verlag und Autor übernehmen keinerlei Verantwortung oder Haftung für Veränderungen, die sich aus nicht von ihnen zu vertretenden Umständen ergeben.

Evtl. beigefügte oder zum Download angebotene Dateien und Informationen dienen ausschließlich der nicht gewerblichen Nutzung. Eine gewerbliche Nutzung ist nur mit Zustimmung des Lizenzinhabers möglich.

© **2006 Franzis Verlag GmbH, 85586 Poing**

Satz: www.ideehoch2.de
art & design: www.ideehoch2.de
Druck: Legoprint S.p.A., Lavis (Italia)
Printed in Italy

ISBN 3-7723-**4503-4**

Vorwort

S Selbermachen auf dem Gebiet von Sanitär ist wirklich sehr einfach, denn alles, was Sie dazu an Bauteilen, Materialien und Werkzeugen brauchen, führt der Handel in großer Auswahl. Zudem gibt es vor allem bei Werkzeugen immer öfter auch kostengünstige „Schnäppchen", deren Qualität teilweise sehr gut ist.

Viele Hersteller und Importeure von Sanitär-Produkten haben inzwischen die Heimwerker als eine wichtige Zielgruppe eingestuft und dementsprechend ihre Produkte „anwenderfreundlich" mit leicht verständlichen Selbstbau-Anleitungen versehen. Abgesehen davon gibt es auch noch wirklich qualifizierte Verkäufer, die Ihnen beim Suchen nach dem richtigen Bauteil behilflich sein werden, und die Sie auch fachkompetent beraten.

Wenn Sie sich dieses Buch mit einer angemessenen Portion Geduld durchlesen, werden Sie selber feststellen, dass Sie das meiste, was hier beschrieben wird, leicht auch eigenhändig machen können.

Viel Erfolg bei Ihrer „Heimwerker-Tätigkeit" wünschen Ihnen

Bo Hanus und seine Co-Autorin (& Ehefrau) **Hannelore Hanus-Walther**

Inhaltsverzeichnis

Inhaltsverzeichnis

Wichtige Hinweise

Die meisten Reparaturen an Sanitäranlagen bestehen aus einfachem Schrauben, das eigentlich keine gehobenen Ansprüche an Handfertigkeit oder Erfahrung stellt. Wer zudem berufliche Erfahrung mit mechanischen Arbeiten ähnlicher Art hat, der braucht nur noch zusätzliche Informationen darüber, wie sein Wasserleitungs-Netz und alle daran angeschlossenen Vorrichtungen und Wasserhähne funktionieren, um auch aufwendigere Reparaturen eigenhändig vornehmen zu können – und diese Informationen findet er hier.

Leser, die mit Handarbeiten technischer Art wenig Erfahrung haben, sollten jedoch mit einer angemessenen Portion an Geduld und Vorsicht vorerst nur die Arbeiten in Angriff nehmen, die sie nach ihrem Ermessen leicht bewältigen können. Am einfachsten ist es mit Reparaturen bzw. „Wartungs-Arbeiten" an Abflüssen, denn sie sind in ihrer „Stand-by-Position" schlimmstenfalls nur mit wenig „Restwasser" gefüllt und so kann es bei einer Fehlmanipulation nicht gleich zu einer Überschwemmung kommen. Zudem gehört z.B. eine länger dauernde Reparatur an einem verstopften Wasserleitungs-Abfluss nicht unbedingt zu den Defekten, die sich auf die Lebensqualität ausgesprochen bedrohlich auswirken könnten. Weniger harmlos wirkt sich zwar auf das Wohlbefinden ein verstopfter Toiletten-Abfluss aus (vor allem, wenn es keine „Ausweichmöglichkeit" gibt), aber in diesem Buch gibt es auch zu diesem Thema genügend Ratschläge (wohlgemerkt nicht zu den „Ausweichmöglichkeiten", sondern zu der eigenhändigen Behebung des Problems).

Reparaturen an Wasserleitungen, Waschtisch-Batterien und anderen Komponenten, die unter Wasserdruck stehen, verlaufen nur dann völlig problemlos, wenn vorher das richtige Absperrventil – bzw. die richtigen Ansperrventile ordentlich zugedreht wurden. Theoretisch ist das kein Problem, denn in den meisten Fällen befinden sich die zwei Absperrventile (Eckventile für die Zuleitungen des kalten und warmen Wassers) direkt unter dem Spül- oder Waschbecken bzw. hinter dem Revisionstürchen der Badewanne. Wenn nicht, dann muss das Hauptventil im Keller (neben dem Wasserzähler) zugedreht werden. Praktisch kann es allerdings vorkommen, dass einige dieser Ventile nicht optimal schließen bzw. durch zu sanftes Zudrehen nicht ausreichend geschlossen wurden und das Wasser tropft oder fließt weiter. In dem Fall müssen kleine Eckventile eventuell mit Hilfe einer Wasserpumpenzange fester zugedreht werden.

Wenn Sie z.B. einen Wasserhahn reparieren oder erneuern möchten, dessen Wasserzuleitung sich nur am Hauptventil im Keller absperren lässt, müssen Sie das Wasser aus allen darüber liegenden Leitungen (z.B. in höheren Geschossen eines Wohnhauses) ablassen. Einige der am höchsten liegenden Wasserhähne sind nach dem Abschließen der Haupt-Wasserzuleitung zu öffnen, damit sich die Leitungen entleeren.

Werkzeuge und Messinstrumente, die Sie brauchen (können)

Werkzeuge und Messinstrumente, die Sie brauchen (können)

Es gibt keinen Zweifel daran, dass gutes Werkzeug und gute Messinstrumente Arbeit erleichtern. Sie ermöglichen uns zudem, dass wir so manches Anliegen, für das ein Anderer einen Handwerker braucht, selber meistern können und damit unheimlich viel Geld sparen.

Um Missverständnissen vorzubeugen: ein gutes Werkzeug ist nicht gleich zu stellen mit teurem Werkzeug. Manchmal ist die Qualität von Werkzeugen, die als gelegentliche „Supermarkt Schnäppchen" angeboten werden, wesentlich besser oder zumindest annähernd genau so gut, wie die Qualität von sogenannten „Markenartikeln".

Wir haben in diesem Buch bei vielen Reparatur- oder Wartungsanleitungen auch die dafür benötigten Werkzeuge gezeigt und angesprochen. Viele dieser Werkzeuge können Ihnen auch bei anderen Arbeiten „in Heim und Garten" das Leben sehr erleichtern und den Spaß an der Tätigkeit erheblich steigern:

Schraubendreher ❶ (auch „Schraubenzieher") gehören zu den Werkzeugen, von denen man eigentlich niemals zu viel haben kann. Es gibt sie in Standard-Ausführungen als Schlitz-Schraubendreher (für die traditionellen Schlitz-Schrauben), Kreuzkopf-Schraubendreher, und Sechskant-Schraubendreher (als Alternative zu den „Inbus-Schlüsseln", die inzwischen auch als „Winkel-Schraubendreher" bezeichnet werden). Neben diesen drei Schraubendreher-Grundtypen gibt es auch diverse spezielle Klingenformen, wie Torx, Vielzahn, Innenvierkant usw. Die Anschaffung solcher speziellen Schraubendreher sollte jedoch erst dann erfolgen, wenn sich der Bedarf ergibt.

Inbusschlüssel ❷ (Winkel-Schraubendreher) in Größen zwischen 2 und 6 mm können sich bei der Arbeit an Heizungsanlagen als sehr nützlich erweisen.

Zangen sind ebenfalls in sehr vielen Formen erhältlich, aber für die einfacheren Arbeiten an einer Heizungsanlage dürfte eine **Kombizange** ❸ und eine **Flachrundzange** ❹ oder einfach eine beliebige Spitzzange ausreichen.

Wasserpumpenzangen ❺ + ❻ eignen sich für schnelles Losschrauben oder Festschrauben von runden Verschraubungen und Rohren. Einige dieser Zangen sind (nach Abb. 6) mit weichen Greifflächen (mit auswechselbaren Nylon-Backen) erhältlich, die vor allem für Arbeiten an Verschraubungen vorgesehen sind, die nicht bekratzt werden dürfen. Grundsätzlich gilt, dass eine Wasserpumpenzange nur für eine runde Verschraubung verwendet werden sollte, auf die kein Ring- oder Gabelschlüssel (Maulschlüssel) bzw. Rollgabelschlüssel passt.

Gabelschlüssel ❶ oder **Gabel-/Ring-schlüssel ❷** sollten in einem Heimwerker-Haushalt zumindest in Größen zwischen ca. 8 mm und 22 mm vorrätig sein.

Rollgabelschlüssel ❸ lassen sich flexibel auf die erforderliche Weite einstellen und können somit die Suche nach einem passenden Gabelschlüssel ersparen. Sie sind ziemlich grob, schwer und im Vergleich mit einem Ring- oder Gabelschlüssel unhandlich, aber wesentlich robuster – was z.B. für das Losdrehen mancher fest sitzenden Schraubverbindungen von Vorteil ist.

Steckschlüssel können sich als sehr nützlich bei vertieften Verschraubungen erweisen. Mittelgroße Steckschlüssel

(Abbildung links) erhält man oft als „Montage-Zubehör" mit diversen Gartengeräten. Kleinere Steckschlüssel sind auch in einer „Schraubendreher-Ausführung" (Abbildung rechts) erhältlich.

Steckschlüssel-Einsätze ❹ lassen sich am besten mit einer **Ratsche ❺** (Abbildung rechts) betätigen. Das erleichtert vor allem an schwerer zugängigen Stellen die Arbeit.

Feilen kommen im Rahmen unserer Buchthemen nur beim Nachbearbeiten von abgesägten oder abgeschnittenen Rohr-Enden zum Einsatz. Eine kleinere **halbrunde Feile ❻** reicht zu diesem Zweck aus, aber mit einer **flachen Feile ❼** lassen sich eventuelle Unebenheiten am Rohrschnitt leichter glätten. Für die Bearbeitung von Kupferrohren eignen sich am besten mittelfeine Feilen.

Eine **Eisensäge ❽** wird z.B. zum Schneiden von Leitungsrohren benötigt, gehört jedoch für den Heimwerker zu der „Standard-Ausrüstung". Am besten

arbeitet es sich mit einer Eisensäge, deren Handgriff ähnlich ausgeführt ist, wie bei dieser Abbildung. Sägen, deren Handgriffe nur ähnlich ausgeführt sind, wie die Handgriffe von Feilen, sitzen nicht so gut in der Hand. Das erschwert vor allem einem Ungeübten die Schnittführung.

Ein **Rohrabschneider** erleichtert das Sägen (Kürzen) eines Kupferrohrs und garantiert einen geraden Schnitt. Seine Anschaffung lohnt sich jedoch nur dann, wenn er voraussichtlich häufiger gebraucht oder wenn er als „Schnäppchen" angeboten wird (ansonsten kommt die Eisensäge zum Einsatz).

11

Werkzeuge und Messinstrumente, die Sie brauchen (können)

Auch der **Gummihammer** ❶ gehört zu den praktischen Standardwerkzeugen. Er wird zwar nur gelegentlich gebraucht, erweist sich aber bei so manchem Vorhaben als sehr nützlich.

Meißel braucht man nur, wenn z.B. in die Wand ein Schlitz eingemeißelt werden soll, um eine leckende Rohrverbindung, die sich unter dem Putz befindet, freizumeißeln. Für grobe Arbeiten eignet sich am besten ein **Flachmeißel** ❷ mit einem Gummischutz, der die Hand vor fehlgeleiteten Schlägen schützt. Für feinere Arbeiten ist ein **feiner Flachmeißel** ❸ mit einer Klingenbreite von ca. 8 bis 10 mm zu empfehlen.

Zum Flachmeißel gehört selbstverständlich auch ein **Hammer** ❹ , dessen Größe und Gewicht sowohl auf die Größe des Meißels als auch auf die Körperkraft des Anwenders abgestimmt sein sollte.

Eine kräftigere **Schlagbohrmaschine** ❺ (mit einer Leistung ab ca. 700 Watt) kommt zum Einsatz, wenn z.B. für eine Leitung ein Loch durch die Mauer gebohrt werden muss, oder wenn mit Hilfe von Vorbohrungen ein Stück Mauer für das Meißeln gefügiger gemacht wird. Abgesehen davon kann beim anschließenden Verputzen der Mauer in die Schlagbohrmaschine ein spiralförmiger Mischer (Farbenmischer) eingesetzt werden, mit dem der Putzmörtel in einem Baueimer (mit niedriger Drehzahl) gemischt wird.

Außerordentlich praktisch ist für einen jeden Heimwerker auch zusätzlich noch eine kleine und leichte **Handbohrmaschine** ❻ , die für feinere Arbeiten eigentlich unentbehrlich ist. Kleine Bohrmaschinen sind während der letzten Jahre aus den Baumärkten ziemlich verschwunden, denn die Werbung hat sich auf „kräftige (= teure) Bohrmaschinen für kräftige Männer" eingeschossen (Foto/Anbieter: Conrad Electronic; Bestell. Nr. 82 63 03).

Richtiges Messen erleichtert die Arbeit und schützt vor Fehlern. Ein **Messschieber (Schieblehre)** ermöglicht z.B. ein genaues Messen vom Durchmesser diverser Schraubverbindungen und Bauteilen, die neu angeschafft werden sollen. Einfachere **Messschieber herkömmlicher Bauart** ❼ sind preiswert, aber das Ablesen des Messwertes ist hier „gewöhnungsbedürftig". **Messschieber mit Digitalanzeige** ❽ zeigen das ermittelte Maß eindeutig an, sind jedoch nur als gelegentliche „Schnäppchen" kostengünstig erhältlich.

Ein **Maßband** ❾ ist für „gröberes" Messen geeignet.

Berührungslose Erkennung von elektrischen Wechselspannungen ermöglichen diverse kleine **Spannungsprüfer** ❿. Einige von ihnen melden das Vorhandensein einer Wechselspannung nur optisch (durch Aufleuchten ihrer Spitze), andere melden dies zusätzlich auch noch akustisch (Foto/Anbieter: RS Components).

Werkzeuge und Messinstrumente, die Sie brauchen (können)

Um eine elektrische Spannung messen zu können, braucht man ein **Voltmeter**, das wahlweise als ein reiner Spannungsprüfer oder als ein Multimeter erhältlich ist. Ein Multimeter hat im Vergleich mit einem reinen Spannungsprüfer den Vorteil, dass man mit ihm auch den Ohmschen Widerstand und den elektrischen Strom messen kann. Sehr handlich sind **Stift-Multimeter ❶**, die man während des Messens bequem in der Hand hält. **Tisch-Multimeter ❷** verfügen wiederum oft über diverse zusätzliche Funktionen, die vor allem für Elektroniker oder Modellbauer nützlich sein können (Foto/Anbieter: Conrad Electronic)

Ein **Phasenprüfer ❸** ist bei Arbeiten an der Netzspannung unentbehrlich, denn nur mit ihm kann man prüfen, ob an einem elektrischen Anschluss oder an einer Verbindungsklemme noch eine Spannung („die Phase") lauert. Die meisten Phasenprüfer sind gleichzeitig als kleine Schraubendreher ausgeführt, sind zudem sehr preiswert und sollten daher in jedem Haushalt in ausreichender Anzahl zugriffbereit vorhanden sein.

Zum Verlöten von Kupferrohr-Leitungen können Sie eine **Hobby-Lötlampe ❹** (mit Austausch-Gaskartuschen) verwenden.

Mit einer **Drahtbürste ❺** können Rost, Schmutz oder eingetrocknete Fettreste von metallischen Bauteilen entfernt werden. Für das Reinigen von mangelhaft verzinnten Enden der Leitungs-Kupferrohre eignet sich am besten eine Drahtbürste mit mittelgroben Messing-Borsten.

Einige **Pinsel ❻** sollten als Putzpinsel in der Werkzeugkiste nicht fehlen.

Eine **Wasserwaage ❼** braucht man vor allem bei Arbeiten, die an der Wand ausgeführt werden.

Ein **Glasbohrer ❽** erleichtert das Bohren (bzw. Vorbohren) in die Fliesen.

Gummi-Glocke ❾ zum Durchstoßen eines verstopften Abflusses (alternativ gibt es auch speziellere Vorrichtungen, die z.B. aufgepumpte Luft in den Abfluss hineinschießen usw.)

Das Angebot an diversen weiteren Werkzeugen – worunter auch Elektrowerkzeugen – ist sehr umfangreich. Jedem Heimwerker steht eine große Auswahl an ganz speziellen Werkzeugen zur Verfügung, die so manche Arbeit erleichtern. Für fast jedes Anliegen findet sich das passende Werkzeug, wenn man sich gezielt in richtigen Läden umschaut oder sich bei erfahrenen Fachverkäufern durchfragt.

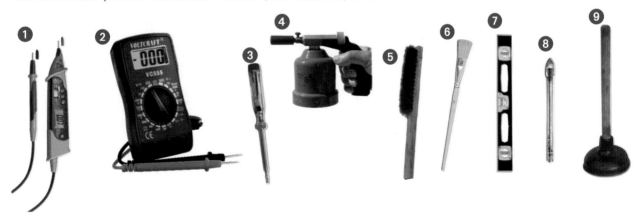

Werkzeuge und Messinstrumente, die Sie brauchen (können)

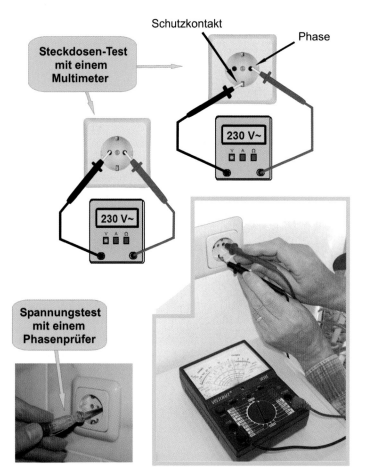

Schutzkontakt

Phase

Steckdosen-Test mit einem Multimeter

230 V~

230 V~

Spannungstest mit einem Phasenprüfer

Wenn bei der Arbeit an Sanitäranlagen mit Elektrowerkzeugen gearbeitet wird, sollte vorher mit einem Multimeter überprüft werden, ob bei der angewendeten Netz-Steckdose der Schutzkontakt intakt ist: nachdem das Multimeter auf den „Wechsel-spannungs-Messbereich" von 250 bis 300 V~ eingestellt wurde, kann kontrolliert werden, ob zwischen der Steckdosen-Phase (= einem „Loch" der Steckdose) und dem Steckdosen-Schutzkontakt die volle 230 Volt-Netzspannung angezeigt wird (wie abgebildet). Bei fehlendem bzw. unterbrochenem Schutzkontakt (zum Haus-Erder) erhöht sich gerade bei Arbeiten an Wasserleitungen die Verletzungsgefahr durch elektrischen Strom. Abgesehen davon kann mit einem Multimeter leicht geprüft werden, ob eine Steckdose voll intakt ist.

Mit einem einfachen Phasenprüfer kann man z.B. testen, ob eine Steckdose, an der ein Elektrowerkzeug oder eine Whirlpool-Pumpe angeschlossen ist, tatsächlich Spannung erhält – oder ob ein „abgeschalteter" elektrischer Anschluss wirklich spannungsfrei ist.

Sollte im Zusammenhang mit dem Anlegen von neuen Wasserleitungen in der Mauer gebohrt oder gehackt werden, ist es von Vorteil, wenn vorher mit einem „Leitungs-/Metallsucher" die Mauer nach eventuellen Leitungen oder anderen „Fremdkörpern" abgesucht wird. Ein solches Kleingerät kann vor allem in älteren Häusern sogar vor dem Einbohren eines jeden Dübels in die Wand (worunter z.B. vor der Bohrung für Waschbecken-Befestigungsdübel) viele unangenehme Überraschungen ersparen. Ohne diese Vorsorgemaßnahme kommt es erfahrungsmäßig des öfteren vor, dass eine elektrische Leitung oder ein Wasserleitungsrohr angebohrt wird.

Allgemeines über die Wasserleitungen in Haus und Garten

Allgemeines über die Wasserleitungen in Haus und Garten

Eine „modernere" Haus-Wasserleitung besteht bekanntlich aus zwei Sektionen: aus der Kaltwasser-Sektion, die sich nur wie die Zweige eines Baumes im Haus verteilt und aus einer Warmwasser-Sektion, die als eine Ringleitung angelegt ist – wie Abb. 1 zeigt.

Diese Lösung wurde bei älteren Anlagen nicht angewendet, was zur Folge hatte, dass nach dem Öffnen des Warmwasser-Hahns aus der Leitung erst eine Zeit lang nur kaltes (ausgekühltes) Wasser heraus floss. Um das zu verhindern, hat man sich einfallen lassen, die Warmwasserleitungen als unendliche Ringleitungen nach Abb. 1 zu konzipieren: Das warme Wasser zirkuliert kontinuierlich in einem Kreislauf, der durch das ganze Haus so angelegt ist, dass in der unmittelbaren Nähe eines jeden Warmwasserhahns das warme Wasser ständig griffbereit vorhanden ist.

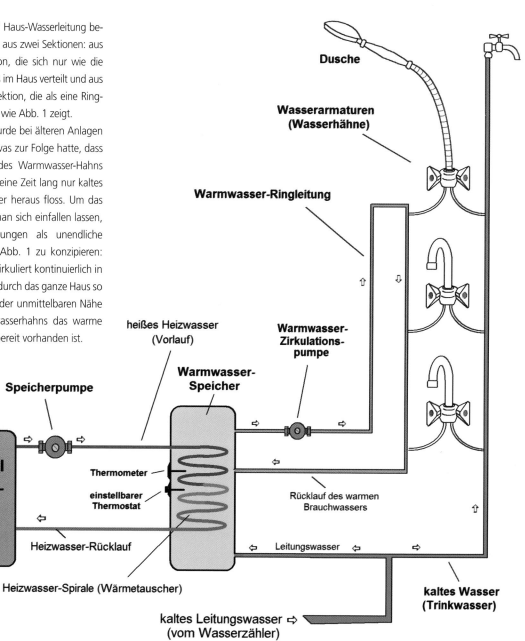

Abb. 1: Eine „modernere" Haus-Wasserleitung besteht aus zwei Sektionen: aus einer Kaltwasser- und einer Warmwasser-Leitung

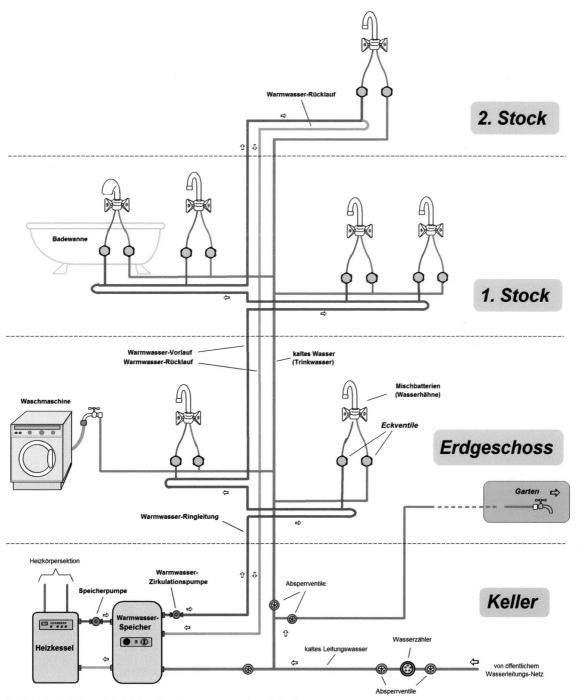

Warmwasser-Rücklauf

2. Stock

Badewanne

1. Stock

Warmwasser-Vorlauf
Warmwasser-Rücklauf

kaltes Wasser (Trinkwasser)

Waschmaschine

Mischbatterien (Wasserhähne)

Eckventile

Erdgeschoss

Garten ➪

Warmwasser-Ringleitung

Heizkörpersektion

Warmwasser-Zirkulationspumpe

Speicherpumpe

Warmwasser-Speicher

Heizkessel

Absperrventile

Keller

Wasserzähler

kaltes Leitungswasser

von öffentlichem Wasserleitungs-Netz

Absperrventile

Abb. 2: Prinzipielles Ausführungsbeispiel eines Wasserleitungsnetzes in einem Einfamilienhaus

Dies wird bei moderneren Anlagen standardgemäß gehandhabt und benötigt eine **Umwälzpumpe (Zirkulationspumpe)**, die meist ohne jegliche zusätzliche Steuerung direkt an das elektrische Netz angeschlossen ist und ununterbrochen pumpt.

Die Rohrleitung der Warmwasser-Ringleitung sollte sehr gut thermisch isoliert sein, um die Wärmeverluste niedrig zu halten. Ganz verhindern lassen sie sich allerdings nicht.

Erwähnenswert wäre jedoch in diesem Zusammenhang, dass eine richtig dimensionierte Zirkulationspumpe nur einen relativ geringen Stromverbrauch (von ca. 20 bis 26 Watt) hat. Auch wenn sie ununterbrochen läuft, verbraucht sie nur etwa 175 bis 228 kWh pro Jahr. **Bei 14 Cent pro kWh betragen die Stromkosten ca. € 25,- bis € 32,– pro Jahr.**

Wir erwähnen dies deshalb, weil es einige „Abzocker" gibt, die sogenannte „intelligente Zirkulationssteuerungen" für „stolze Preise" anbieten, die eine solche Zirkulationspumpe „energiesparend" betreiben, wodurch angeblich „einige hundert Euro pro Jahr" eingespart werden. Das ist falsch, aber die „Abzocker" spekulieren darauf dass sich viele Menschen den tatsächlichen Verbrauch ihrer Zirkulationspumpe nicht ausrechnen können (oder dass sie gar nicht so richtig wissen, um was es sich handelt).

Diese Pumpe ist jedoch leicht auffindbar, da sie in der Regel neben dem Warmwasserspeicher installiert ist. Auf ihrem Typenschild können Sie die Pumpenleistung in Watt ab-

lesen, um sich zu vergewissern, dass der Installateur auch eine angemessen „energiesparende" Pumpe – von max. 20 bis 26 Watt – montiert hat.

Eine noch kleinere Umwälzpumpe oder eine getaktet betriebene Pumpe erfüllt nicht den eigentlichen Zweck, denn wenn das warme Wasser noch langsamer durch das Haus gepumpt wird (als eine ca. 20 Watt Pumpe aufbringt) kühlt es zu sehr ab. Man muss dann z.B. in der Dusche nach dem Aufdrehen des Warmwasserhahns jeweils etwas länger das Wasser fließen lassen, bevor sich seine Temperatur „zumutbar" stabilisiert. Somit wird wiederum teures Trinkwasser unnötig verschwendet, wodurch sich die Einsparung an Stromkosten durch eine erhöhte Wasserrechnung rächt.

Bei einem Einfamilienhaus verzweigt sich der Kreislauf in jedem Geschoss z.B. nach dem Beispiel in Abb. 2. In der Praxis strebt der Architekt an, die Anordnung der Räume, für die eine Wasserleitung vorgesehen ist, so zu wählen, dass möglichst wenig Warmwasserschleifen erforderlich sind und dass die Warmwasser-Leitungsschleife nicht zu lang wird. Diese Bemühung kollidiert allerdings oft mit diversen anderen Prioritäten, die entweder generell in der Architektur mitberücksichtigt werden, oder die für die Hausherrn wichtig sind.

Wenn Sie ein bestehendes Wasserleitungs-Hausnetz eigenhändig verändern oder ausbreiten möchten, dürfen Sie einfach alles so gestalten, wie es Ihnen am besten passt, denn einen gesetzlichen Vorschriftszwang gibt es bei solchen privat ausgeführten Installationen nicht. Sie können nach eigenem Ermessen auch anstelle von einigen Warmwasser-Schleifen nur einfache Warmwasser-Zuleitungen als „Einbahnstraßen" dort anlegen, wo in Kauf genommen werden darf, dass es eine Weile dauert, bevor das warme Wasser ankommt – wie z.B. bei einem Dachboden-Gästezimmer, dass nur wenige Tage im Jahr benutzt wird. Auf diese Weise sparen Sie eine zusätzliche Schleife und ein zusätzliches Abkühlen des Warmwassers ein.

Soweit zu den technischen Hintergründen der Warmwasserversorgung.

Bei der eigentlichen Wartung oder bei Reparaturen an der Sanitäranlage im Haus gibt es keine Unterschiede zwischen den Warm- und Kaltwasserleitungen bzw. ihren Bauteilen. Das Einzige, worauf bei Neuinstallationen zu achten ist, dürfte wohl die Einhaltung des Grundsatzes sein, dass das warme Wasser aus dem links und das kalte aus dem rechts angeordneten Wasserhahn herausfließt.

Kleine Reparaturen

Leck in der Leitung?

Abb. 3: Am Wasserzähler können Sie kontrollieren, ob Ihr Wasserleitungs-Hausnetz perfekt dicht ist

Schlecht dichtende Verschraubungen, vom Frost gerissene oder vom Rost zerfressene Wasserrohre, die in der Mauer oder im Erdreich (im Garten) lecken, werden oft gar nicht (oder erst zu spät) entdeckt. Zum Glück befindet sich in jedem Wasserzähler (Wasseruhr) ein kleines „Rädchen" (Abb. 3), das als Durchfluss-Indikator laufend anzeigt, ob durch den Wasserzähler Wasser fließt.

Je mehr Wasser jeweils durch den Wasserzähler fließt, desto schneller dreht sich die Scheibe des Indikators. Sie dreht sich sogar auch dann noch, wenn aus einem Wasserhahn nur ein sehr dünner Wasserstrahl herausfließt. Genau genommen dreht sich diese Scheibe auch dann, wenn ein Wasserhahn nur tropft. In dem Fall zwar nur im Schnekkentempo, aber die Drehung des roten Dreiecks (bzw. eines Pfeils) an der Scheibe, sowie auch die Veränderung des angezeigten Verbrauchs während einer längeren Pause in der Wasserabnahme, weisen darauf hin, dass irgendwo irgendetwas leckt (oder das z.B. eine WC-Spülung nicht ausreichend dichtet).

Sehen Sie sich bitte an Ihrem Wasserzähler an, was es mit dem Drehen der Scheibe auf sich hat. Nachdem z.B. gerade ein WC-Spülkasten entleert wurde und er sich langsam wieder auffüllt, können Sie diesen Verlauf an Ihrem Wasserzähler kontrollieren. Wenn Sie sich vor einer längeren Abwesenheit (z.B. vor einem Tagesausflug) den Wasserstand an Ihrem Zähler genau notieren, können Sie nach der Rückkehr kontrollieren, ob sich da nichts verändert hat. Am wichtigsten ist dabei der Vergleich der registrierten Abnahme an dem Zählersegment **„x 0,0001"** das in der „Wasseruhr" ganz links angeordnet ist (auf unserem Foto links unterhalb der Wasserdurchlauf-Anzeige).

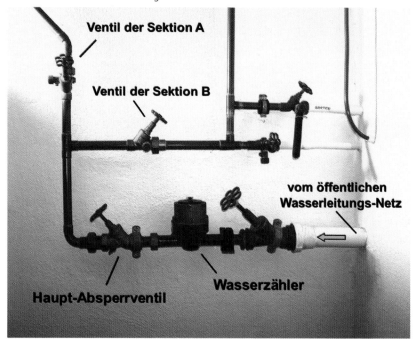

Abb. 4: Beispiel einer Haus-Wasserleitung, die sich gleich nach dem Haupt-Absperrventil in zwei Sektionen (**A** und **B**) verzweigt, von denen jede mit einem weiteren Absperrventil versehen

Wenn Wasserhähne tropfen...

Ein tropfender „Wasserhahn" gehört kaum zu den großen Plagen unseres Jahrhunderts, aber dafür handelt es sich um ein Phänomen, das uns in der Form von wiederkehrenden Belästigungen meist lebenslang verfolgt.

Einen tropfenden Wasserhahn kann man zum Glück ziemlich leicht reparieren. Die Bezeichnung „Wasserhahn" dürfte in diesem Zusammenhang als ein „Oberbegriff" für vieles von dem betrachtet werden, was ansonsten unter verschiedenen technisch eleganteren Bezeichnungen – wie Armaturen, Mischer usw. – läuft.

Die meisten Wasserhähne sind mit Gummidichtungen (bzw. mit gummiähnlichen Dichtungen) ausgelegt, die sich bei Bedarf leicht ersetzen lassen. Wasserhähne bzw. „Armaturen" gehobener Preisklassen verwenden anstelle von Gummidichtungen keramische Scheiben, die präzise geschliffen sind und als „resistenter gegen Verkalkung" angepriesen werden. In der Praxis verursacht jedoch kalkhaltiges Wasser auch bei diesen Armaturen diverse „Fehlfunktionen", auf die wir noch zurückkommen.

Die Funktionsweise eines einfachen Wasserhahns erläutert Abb. 5: Solange der Wasserhahn (sein Ventil) zugedreht ist, blockiert die Gummidichtung den Wasser-Durchfluss. Beim Aufdrehen des Hahns dreht eine innere Schraube die Gummidichtung nach oben und öffnet damit den Wasserdurchfluss. Ein konkretes Ausführungsbeispiel eines Wasserhahns, der exakt nach dem Prinzip aus Abb. 4 angefertigt ist, zeigt Abb. 5. Dieses Prinzip wird auch bei den

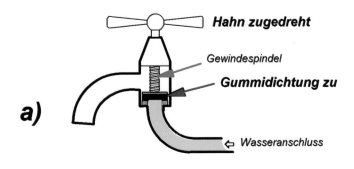

Hahn zugedreht
Gewindespindel
Gummidichtung zu
a)
Wasseranschluss

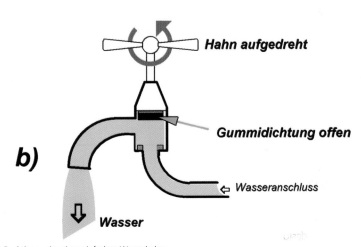

Hahn aufgedreht
Gummidichtung offen
b)
Wasseranschluss
Wasser

Abb. 5: Funktionsweise eines einfachen Wasserhahns

meisten handelsüblichen Wasserhähnen bzw. Armaturen und Mischbatterien angewendet.

Um einen tropfenden Wasserhahn reparieren zu können, brauchen Sie:

a) das Wissen, wie man ihn demontiert, um seine Dichtung zu erneuern,

b) die passenden Werkzeuge (meist Gabelschlüssel, Ringschüssel und/oder Schraubendreher)

c) die passende(n) Dichtung(en)

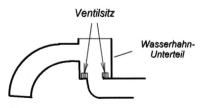

Ventilsitz
Wasserhahn-Unterteil

Abb. 6: Einfacher Wasserhahn konventioneller Bauart (demontiert)

Wenn Wasserhähne tropfen...

Wie man das eine oder andere demontiert, montiert und repariert, werden wir in diesem Buch ausführlich erklären und an vielen praktischen Beispielen „Schritt für Schritt" zeigen. Wir werden dabei jeweils auch die dafür erforderlichen „passenden" Werkzeuge aufführen. An dieser Stelle wäre nur noch ganz allgemein darauf hinzuweisen, dass man Armaturen-Bauteile grundsätzlich nicht mit Wasserpumpenzangen, Kombizangen oder anderen Sorten Zangen, sondern nur mit passenden Gabel-, Ring- oder Steckschlüsseln demontieren und montieren sollte – soweit sie für diese Art der Montage ausgelegt sind (manche Bauteile können – oder müssen – nur mit einem Schraubendreher oder Inbus-Schlüssel demontiert und montiert werden). Gute Werkzeuge bzw. passende Schlüssel schützen die Armaturen vor Beschädigungen.

Wichtig:

Alle Verschraubungen an Batterien und anderen Sanitär-Bausteinen sind grundsätzlich nur rechtsdrehend ausgelegt. **Eine jede Verschraubung wird gegen den Uhrzeigersinn losgedreht.** Dies ist vor allem bei fest sitzenden Verschraubungen zu beachten, da man sich ansonsten unnötig abmüht oder eine zu fest eingedrehte Verschraubung noch fester zudreht, statt sie zu lösen.

Passende Dichtungen gibt es wahlweise als Sortimente oder auch in Kleinpackungen, die oft als „Schnäppchen" erhältlich sind (Abb. 7). Sehr vorteilhaft ist, wenn man auch eine Schieblehre (einen Messschieber) besitzt, um jeweils die exakt passende Ersatz-Dichtung zu finden bzw. kaufen zu können.

Abb. 7: Der Vorrat an passenden Dichtungen kann gar nicht groß genug sein

Unser Tipp:

Kommt es vor, dass Sie keine passende neue Dichtung vorrätig haben, können Sie sich vorübergehend dadurch behelfen, dass sie die alte Dichtung umdrehen und wieder zurückmontieren. Diese Lösung taugt jedoch nur als eine Notlösung, da eine alte Dichtung meist schon zu hart und zu verschlissen ist, um langfristig zufriedenstellend dienen zu können.

Abb. 8: Absperr-Eckventile unter einem Waschbecken

Vor jeder Arbeit an der Wasserleitung muss der in Angriff genommene Teil der Wasserleitung abgeschlossen werden. Im einfachsten Fall brauchen nur die zwei kleinen Eckventile zugedreht werden, die sich nach Abb. 8 unter Waschbecken, Spülen und ähnlichen Sanitär-Einrichtungen befinden.

Kleine Einzel-Wasserhähne verfügen üblicherweise nicht über ein zusätzliches Absperrventil und Sie werden daher wahrscheinlich das Wasser an dem Haupt-Absperrventil (neben dem Wasserzähler) oder an einem Sektions-Ventil abschließen müssen. Drehen Sie das Ventil richtig fest zu, ansonsten tropft das Wasser aus dem demontierten Wasserhahn weiter heraus. Das Wasser sollte danach so weit abgelassen werden, dass es aus der bearbeiteten Sektion nicht mehr herausfließen kann.

Hinweis zum Entkalken: Entfernen Sie von dem Bauteil vor dem Entkalken alle Gummidichtungen oder Kunststoffteile. Sie können zum Entkalken wahlweise einen handelsüblichen Entkalker oder auch nur normalen Essig verwenden. Mit einem Entkalker löst sich der Kalk schneller als mit Essig. Die Dauer der Entkalkung hängt von dem Maß der Verkalkung ab und kann bei Verwendung von Essig bis zu etwa 24 Stunden dauern. Reinigen Sie nach der Entkalkung das Bauteil mit einer Bürste und spülen Sie es danach gründlich ab.

Erneuerung der Dichtung im einfachen Wasserhahn

Erforderliches Werkzeug

a) passende Gabel- oder Ringschlüssel

b) kleiner Schraubendreher

Benötigte Hilfsmittel:

a) passende Dichtungen
b) Haushalts-Stahlwolle
c) Armaturenfett
d) handelsüblicher Entkalker oder Essig

Benötigte Arbeitszeit:

ca. 20 bis 45 Minuten (eventuelles Entkalken dauert einige Stunden)

Schritt ❶

Demontage

Drehen Sie den oberen Teil (die Kappe) des Wasserhahns mit einem passenden Gabelschlüssel auf und drehen Sie den Innenteil des Wasserhahns heraus (siehe hierzu auch Abb. 5 und 6 auf Seite 21).

Schritt ❷

Ventil

Wenn der tropfende Wasserhahn noch ziemlich neu ist, überprüfen Sie die Oberfläche seiner Gummidichtung: es könnten da eingedrückte Eisenspäne, Sandkörnchen oder andere Fremdkörper die Ursa-

---

che für die mangelhafte Dichtung sein, was sich meistens leicht beheben lässt. Insofern danach weder die Gummidichtung noch der Ventilsitz sichtbare Rillen oder Kratzer aufweisen, müsste die alte Dichtung nicht ausgewechselt werden. Andernfalls drehen Sie die kleine Mutter der unteren Gummidichtung (Dichtungsscheibe) auf, um die alte Dichtung entfernen zu können. Sie lässt sich danach meist mit den Fingernägeln leicht herausnehmen (bzw. herausdrehen) und durch eine passende neue Dichtung ersetzen.

Schritt ❸

Runddichtung

Nehmen Sie bei dieser Gelegenheit auch die obere Runddichtung der Kappe vorsichtig ab und kontrollieren Sie, ob sie noch sichtbar in Ordnung ist. Wenn nicht, dann sollte die Dichtung (der Gummiring) ersetzt werden. Reinigen Sie vorher (z.B. mit einer Zahnbürste) den Teil der Kappe gut, in dem die Runddichtung sitzt. Verunreinigungen könnten zur Folge haben, dass der Gummiring die Kappe des

Erneuerung der Dichtung im einfachen Wasserhahn

Wasserhahns nicht gut abdichtet. Bei geöffnetem Wasserhahn würde dann aus der Verbindung zwischen seinen zwei undichten Teilen Wasser durchkommen.

Schritt ④
Spindelgewinde

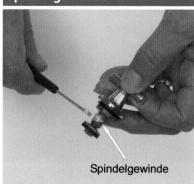

Spindelgewinde

Das Spindelgewinde eines Wasserhahns sollte immer mit einem **Armaturenfett** eingefettet sein, um gleitend zu bleiben. Falls es nicht mehr ausreichend eingefettet ist, fetten Sie es bei dieser Gelegenheit ein. Bevor Sie es einfetten, entkalken Sie den ganzen Metallteil (allerdings ohne Gummidichtung), falls es erforderlich scheint. Legen Sie es in dem Fall für einige Stunden in ein handelsübliches Entkalkungsmittel oder für einen halben Tag in Essig, spülen es danach gründlich aus und fetten anschließend das Spindelgewinde des Wasserhahns ein.

Schritt ⑤
Ventilsitz

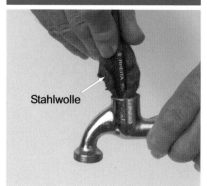

Stahlwolle

Für eine gute Wasserhahn-Abdichtung ist es wichtig, dass nicht nur die Gummidichtung, sondern auch der Ventilsitz sauber und glatt sind. Zu diesem Zweck sind zwar kleine Ventilsitz-Handfräsen erhältlich, mit denen beschädigte Ventilsitze nachgefräst werden können, aber diese Maßnahme ist nur bei sehr alten Ventilen erforderlich, deren Oberfläche „vom Zahn der Zeit" angeknabbert ist. Normalerweise sind die Ventilsitze schlimmstenfalls nur etwas verschmutzt und können (wie abgebildet) mit feiner Stahlwolle gesäubert werden, die z.B. mit einem Bleistift hineingedrückt und gedreht wird. Danach müssen aus dem Ventil die Stahlwolle-Reste gut ausgespült werden. Falls der Ventilsitz nur geringfügig verschmutzt ist, kann er sogar nur mit Waschbenzin oder Geschirr-Spülmittel gereinigt werden (u.a. mit Hilfe eines Kosmetik-Wattestäbchens).

Schritt ⑥
Ventil öffnen

Nachdem alles gereinigt bzw. erneuert ist, drehen Sie den oberen Teil des Wasserhahns in die Position „ganz offen". Wenn es erforderlich ist, drücken Sie die Spindel wie abgebildet in den Oberteil des Wasserhahns etwas kräftiger hinein, bis sich das Spindelgewinde in dem „Gegengewinde" fängt (andernfalls lässt sich der Hahn nicht betätigen). Diese Maßnahme ist sehr wichtig, denn wenn der obere Teil des Wasserhahns nicht ausreichend geöffnet ist, kann beim Zusammenschrauben der beiden Teile die Gummidichtung vernichtet werden. Nachdem alles wieder ordnungsgemäß zusammengeschraubt ist, kann die Wasser-Zuleitung geöffnet werden. Kontrollieren sie danach (auch wiederholend), ob alles gut dichtet und richtig funktioniert.

Erneuerung der Dichtungen in einer Mischbatterie

Unter dem Begriff „Einfache Mischbatterien" verstehen wir Mischbatterien, die zwei Ventile mit herkömmlichen Gummidichtungen haben. Das linke Ventil ist für das warme, das rechte Ventil für das kalte Wasser zuständig. Das ist uns aber allen seit unserer Kindheit bekannt und daher nicht weiter erklärungsbedürftig. Wenn jedoch so ein Ding tropft, lässt sich nicht auf den ersten Blick erkennen, wie man sich den Zugang zu den Ventilen verschaffen kann. Dabei ist es nicht schwierig, denn die Bedienungsgriffe (Hähne) sind auf den meisten Ventilen modernerer Bauart nur nach Abb. 9 aufgesteckt und können einfach mit der Hand abgezogen werden. Manche Bedienungsgriffe sind an den Ventilen angeschraubt. Die Befestigungsschraube befindet sich da typenbezogen entweder unter der Kappe oder seitlich am Griff – wie Abb. 10 zeigt. Kappen, die eine Schraube verdecken, sind in den Griff entweder nur leicht hineingepresst oder sie sind mit einem Gewinde und einer sechseckigen Umrandung versehen und können mit einem passenden Gabelschlüssel herausgeschraubt werden (darunter befindet sich dann die eigentliche Befestigungsschraube des Wasserhahn-Griffes).

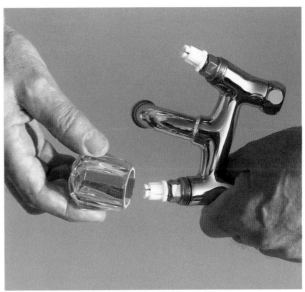

Abb. 10: Die Bedienungsgriffe der meisten Batterien lassen sich einfach mit der Hand abziehen

Abb. 9: Ausführungsbeispiel einer einfachen Mischbatterie mit zwei Ventilen

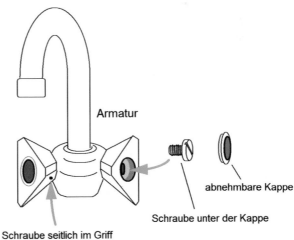

Armatur

abnehmbare Kappe

Schraube unter der Kappe

Schraube seitlich im Griff
(alternativ)

Abb. 11: Bei einigen Batterien sind die Bedienungsgriffe an den Ventilen angeschraubt

Erneuerung der Dichtungen in einer Mischbatterie

Erforderliches Werkzeug

a) passende Gabel- oder Ringschlüssel

b) kleiner Schraubendreher

Benötigte Hilfsmittel:

a) passende Dichtungen
b) Haushalts-Stahlwolle
c) Armaturenfett
d) handelsüblicher Entkalker oder Essig

Benötigte Arbeitszeit:

ca. 20 bis 45 Minuten

Schritt ❶
Ventil herausschrauben

Nachdem Sie das Wasser abgeschlossen und die Kappe von dem Ventil abgenommen haben, drehen Sie den oberen Teil des Wasserhahns mit einem passenden Gabelschlüssel heraus. Nicht vergessen: aufgedreht wird der obere Teil des Wasserhahns immer gegen den Uhrzeigersinn. Darauf dürfen Sie sich verlassen – auch wenn so mancher Wasserhahn so fest zugedreht ist, dass er sich hartnäckig gegen jeglichen Demontage-Versuch wehrt und erst nach einer angemessenen Kombination von Anstrengung und Fluchen nachgibt. Wenn sich die Verschraubung einer Armatur nicht auf Anhieb leicht lösen lässt, ziehen Sie sich zu diesem „Kraftakt" Handschuhe an. Sie schützen vor eventuellen Verletzungen, die bei einem gesteigerten Kraftaufwand erfahrungsgemäß vorkommen können.

Schritt ❷
Gummidichtungen kontrollieren

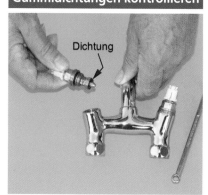

Dichtung

Wenn der Wasserhahn noch ziemlich neu ist, überprüfen Sie die Oberfläche der Gummidichtung seines Ventils: es könnten da eingedrückte Eisenspäne, Sandkörnchen oder andere Fremdkörper - die sich meistens leicht entfernen lassen - Ursache für die mangelhafte Dichtung sein. Insofern danach weder die Gummidichtung noch der Ventilsitz sichtbare Rillen oder Kratzer aufweisen, braucht die alte Dichtung nicht unbedingt ausgewechselt zu werden. Es genügt, wenn sowohl die Dichtung als auch der Ventilsitz gereinigt werden. Andernfalls gehen Sie zu folgendem Schritt über.

Schritt ③
Gummidichtung abschrauben

Drehen Sie die kleine Mutter der unteren Gummidichtung mit einem passenden Ringschlüssel auf.

Schritt ④
Gummidichtung abnehmen

Nachdem Sie die Mutter der Gummidichtung abgenommen haben, lässt sich die Dichtung aus ihrer Fassung mit den Fingernägeln herausziehen (falls sie sich dagegen zu hartnäckig wehrt, behelfen Sie sich mit einem kleinen Schraubendreher oder Messer).

Schritt ⑤
Neue Dichtung

Drücken Sie anschließend eine passende neue Dichtung in ihre Fassung ein und schrauben Sie sie wieder zu. Drehen Sie die Mutter der Dichtung aber nicht derartig fest zu, dass dadurch die Dichtung deformiert oder sogar zerquetscht wird.

Schritt ⑥
Kontrolle

oberer Dichtungsring (O-Ring)

Kontrollieren Sie, ob die obere Dichtung („O-Dichtung") an dem Ventil-Gewinde sichtbare Druckstellen oder andere Beschädigungen aufweist. Wenn nicht, kann sie noch weiter dienen. Wenn ja, muss sie ebenfalls durch eine neue passende O-Dichtung ersetzt werden.

Schritt ⑦
Armaturenfett

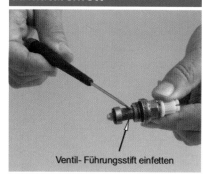

Ventil- Führungsstift einfetten

Fetten Sie die Spindel des Ventils etwas mit Armaturenfett nach oder verteilen Sie das an der Spindel vorhandene Fett vollflächig an allen ihren Kanten, damit sich da nicht Metall an Metall reibt.

Schritt ⑧
Ventilsitz glätten

Ventil-Sitz

Ventilsitze, deren Oberfläche derartig tiefe Kratzer oder Dellen aufweist, dass sie eine neue Gummidichtung nicht ausreichend abdichten kann, müssen mit einem speziellen Ventilsitz-Fräser geglättet werden. In der Praxis kommt so etwas jedoch nur ausnahmsweise bei „uralten" Ventilen vor. Bei Armaturen, die nicht älter als ca. 20 Jahre sind, ist der Ventilsitz meistens in einem guten Zustand und braucht nur gereinigt zu werden - siehe hierzu Schritt 4 bei vorhergehender Anleitung („Erneuerung der Dichtung im einfachen Wasserhahn")

Schritt ⑨
Ventil öffnen

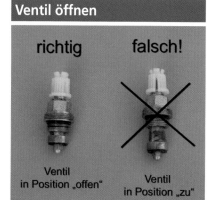

richtig   falsch!

Ventil in Position „offen"   Ventil in Position „zu"

Bevor Sie wieder mit dem Zusammenschrauben anfangen, achten Sie bitte darauf, dass jedes Ventil – bzw. die beiden demontierten Ventile – vor der Montage in der Position „offen" stehen (= voll in ihr Oberteil eingedreht sind). Diese Maßnahme ist sehr wichtig, denn wenn die Spindel mit dem Ventil in den oberen Teil des Wasserhahns nicht ausreichend eingedreht ist, kann beim Zusammenschrauben der beiden Teile die Gummidichtung vernichtet werden. Nachdem alles wieder ordnungsgemäß zusammengeschraubt ist, kann die Wasser-Zuleitung geöffnet werden. Kontrollieren sie danach (auch wiederholend), ob alles gut dichtet und richtig funktioniert.

Erneuerung der Dichtungen am Schwenkarm

Erforderliches Werkzeug

Passender Gabelschlüssel

Benötigte Hilfsmittel:

a) neue Dichtungen (O-Ringe)
b) Putzmittel
c) Armaturenfett
d) handelsüblicher Entkalker oder Essig

Benötigte Arbeitszeit:

ca. 10 Minuten

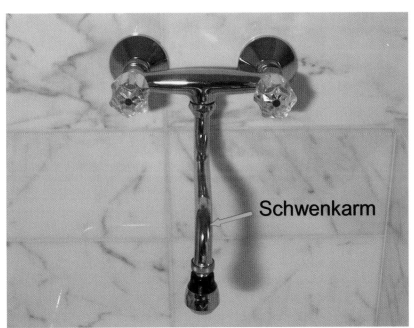

Abb. 12: Mischarmatur mit Schwenkarm

Schwenkarme sind üblicherweise mit zwei O-Ring-Dichtungen abgedichtet. Die Dichtungen am Schwenkarm können jederzeit ausgewechselt werden, ohne dass vorher die Wasser-Zuleitung abgeschlossen wird.

Schritt 1
Schwenkarm demontieren

Die meisten Schwenkarme werden einfach nach Abschrauben ihrer Überwurfmutter aus der Batterie herausgenommen (herausgezogen). Ihre Dichtungsringe können manchmal einen geringen Widerstand bieten, den Sie verringern, indem Sie den Schwenkarm beim Heraus-

ziehen sanft hin und her schwenken. Ausnahmsweise kann der Schwenkarm noch mit einer kleinen Schraube an der Batterie befestigt werden, die sich meist an seiner Rückseite befindet.

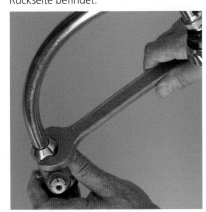

Schritt ❷

Ventilsitze

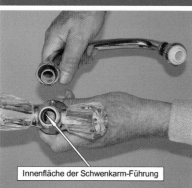

Innenfläche der Schwenkarm-Führung

Nachdem Sie den Schwenkarm herausgezogen haben, schauen Sie sich genau die Innenfläche seiner Führungshülse in der Batterie an. Sie ist oft verschmutzt und/oder verkalkt und sollte daher gründlich gereinigt werden.

Ist sie nur leicht verschmutzt, genügt es, wenn sie mit Spülmittel und mit einem Streifen von einem Topfputz-Küchenschwamm gereinigt wird. Schneiden Sie sich zu diesem Zweck einen angemessen schmalen Streifen von einem ganzen Schwamm ab.

Falls sich die Verschmutzung als zu unnachgiebig zeigt, kommt feine Stahlwolle zum Einsatz, die z.B. mit einem Bleistift gegen die behandelte Fläche angedrückt wird - insofern Sie nicht Ihren kleinen Finger einsetzen können. Nehmen Sie sich bitte diese Arbeit erst dann vor, nachdem die Armatur innen trocken ist.

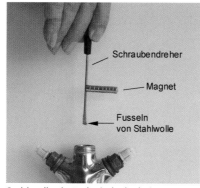

Schraubendreher

Magnet

Fusseln von Stahlwolle

Stahlwolle bröselt jedoch beim Putzen und die Fusseln fallen in die Batterien hinein. Wenn die Batterie innen trocken ist, bringen Sie aus ihr die Stahlwollen-Reste problemlos mit einem Magneten (Dauermagneten) oder mit einem magnetischen Schraubendreher heraus. Ist der zur Ver-

fügung stehende Magnet zu groß, um in die Batterie hineingesteckt zu werden, können Sie ihn – wie abgebildet – z.B. mit einem Schraubendreher „verlängern".

Schritt ❸

Dichtungsringe

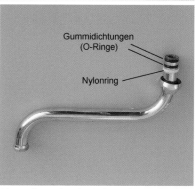

Gummidichtungen (O-Ringe)

Nylonring

Als nächstes ist der Schwenkarm dran: Er muss vor allem an den Stellen gereinigt werden, an (und in) denen die Dichtungsringe sitzen. Diese werden vorher abgenommen und kontrolliert. Sind sie unbeschädigt und ausreichend weich, ist ihre Erneuerung nicht erforderlich. Adernfalls müssen sie durch neue, passende O-Ringe ersetzt werden. Vor der Rückmontage sollten sowohl die Dichtungsringe als auch die Innenfläche der Batterie, an der sich die Dichtungsringe reiben, mit Armaturenfett eingefettet werden. Falls der Schwenkarm ein Perlsieb hat, sollte es auch gleich gereinigt oder erneuert werden – wie anschließend beschrieben wird.

Perlsieb reinigen oder erneuern

Erforderliches Werkzeug

Passender Gabelschlüssel oder

Wasserpumpen-Zange mit Nylon-Backenauflagen

Benötigte Hilfsmittel:

a) neue Dichtung (wenn erforderlich)
b) Reinigungsmittel
c) Armaturenfett
d) handelsüblicher Entkalker oder Essig

Benötigte Arbeitszeit:

ca. 15 Minuten

Das eigentliche Reinigen eines Perlsiebes geht einfach. Etwas schwieriger kann es mit dem Herausschrauben des Perlsiebes aus der Batterie werden, wenn dieses zu fest hineingeschraubt wurde oder zu sehr verkalkt ist. Am schwierigsten lassen sich Perlsiebe herausschrauben, deren Fassungen – wie bei dem Perlsieb in Abb. 13 – rund und glatt sind. Als optimales Werkzeug eignet sich in dem Fall eine Wasserpumpen-Zange mit Nylon-Backen.

Alternativ kann auch eine gängige Wasserpumpenzange oder eine Nussknacker-Zange denselben Zweck erfüllen, wenn Sie zwischen ihre Backen und das Perlsieb z.B. Fensterleder oder Kunstleder legen oder wenn Sie das Perlsieb vor der „Attacke" mit

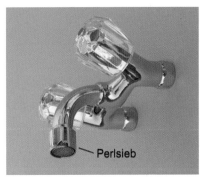

Abb. 13: Mischbatterie mit Perlsieb

einer dickeren Schicht Klebeband umwickeln. Die meisten Perlsieb-Aufsätze sind zum Glück mit zwei abgefrästen Kanten versehen, auf die ein Steckschlüssel passt. Mit seiner Hilfe lässt sich das Perlsieb meist spielend leicht herausschrauben:

Schritt ❶
Perlsieb demontieren

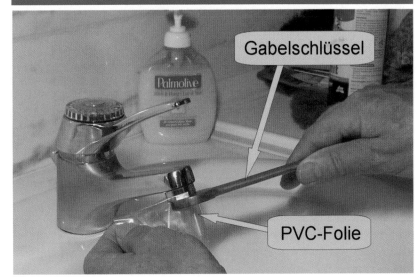

Perlsieb reinigen oder erneuern

Da auch ein Gabelschlüssel die meist dünn verchromte (bei teuren Batterien die meist dünn vergoldete) Oberfläche des Perlsieb-Kopfes zerkratzen kann, sollten Sie zwischen den Perlsieb-Kopf und den Gabelschlüssel eine härtere PVC-Folie halten- wie unsere Abbildung zeigt. Diese Maßnahme ist oft nur bei der ersten Perlsieb-Reinigung erforderlich, denn das Sieb braucht nicht unbedingt zu kräftig festgeschraubt werden.

Schritt ❷

Perlsieb reinigen

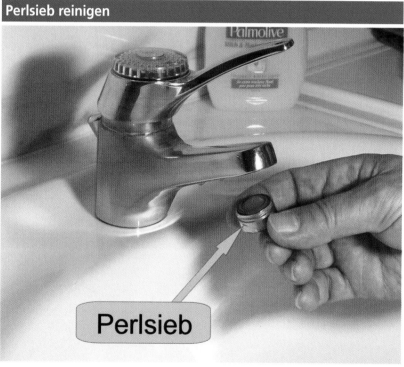

Perlsieb

Achten Sie beim Herausnehmen des Perlsiebes darauf, dass Ihnen dabei keine Kleinteile auf den Fußboden fallen bzw. verloren gehen. Da Ersatz-Perlsiebe oft preiswert erhältlich sind, können Sie sich überlegen, ob Sie das alte Sieb noch entkalken und putzen sollen oder ob Sie sich nicht lieber ein neues Sieb (bzw. einige neue Siebe auf Vorrat) kaufen.

Die Besorgung eines passenden neuen Siebes kann allerdings unter Umständen zeitraubender werden, als die Reinigung des alten Siebes. Für die Reinigung bietet sich Entkalkungs-Gel an, das nur mit einer alten Zahnbürste von unten in das Perlsieb hineingeschmiert zu werden braucht. Das Perlsieb muss in dem Fall nicht herausgeschraubt werden.

Reparaturen von Mischbatterien mit Keramikdichtungen

Keramikdichtungen werden zwar als „nahezu verschleißfrei" angepriesen, aber wenn das Trinkwasser aus dem öffentlichen Netz nicht kalkfrei ist (was kaum vorkommt), fangen auch solche – oft überteuerte – „Wunderdinge" zu kränkeln an.

Das Kränkeln dieser Batterien ist teilweise dadurch verursacht, dass sich an einigen Stellen Kalk ansetzt, der z.B. das Aufdrehen des Wasserhahns ab dem Punkt blockiert, über den es nur selten herausgedreht wird. Teilweise werden hier vom Kalk z.B. auch einige der inneren Metallteile angenagt, die Bestandteile der Dichtung sind und nicht ausgebessert werden können. Hier hilft dann nur ein vollständiges Ersetzen der ganzen Batterie, denn einzelne Ersatzteile sind heute kaum erhältlich (falls ausnahmsweise doch, dann sind sie sehr teuer).

Wir sehen uns an der Hand von einigen praktischen Beispielen an, wie solche Batterien demontiert werden können. Ihre Konstruktionen sind zwar unterschiedlich, aber man kann hier meistens leicht ersehen, was wo demontiert werden muss, um das eigentliche Ventil aus seinem Gehäuse herauszuschrauben.

Abb. 14: Ausführungsbeispiel einer Spülbecken-Mischbatterie mit Keramikdichtungen

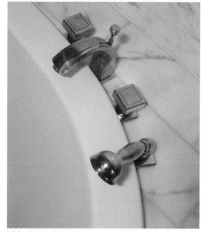

Abb. 16: Auch bei Badewannen sind Zweihand-Ventile mit Keramikdichtungen ähnlich ausgelegt, wie bei Spülbecken oder Duschen

Abb. 15: Eine Dusch-Mischbatterie mit Keramikdichtungen derselben Type unterscheidet sich von der Spülbecken-Mischbatterie zwar etwas in der Form, hat aber dieselben Ventile

In Mischbatterien mit Keramikdichtungen derselben Type und Marke sind oft dieselben Ventile bei Spülbecken, Duschen und Badewannen eingebaut und alle können somit auf dieselbe – oder zumindest ähnliche – Weise demontiert werden, die hier in Einzelschritten beschrieben wird:

Erforderliches Werkzeug

a) Inbus-Schlüssel (ca. 2 mm)

b) Passender Gabelschlüssel (Größe ca. 17)

c) Flachrundzange

d) Wasserpumpenzange

Benötigte Hilfsmittel:

a) Reinigungsmittel
b) Armaturenfett
c) handelsüblicher Entkalker oder Essig

Benötigte Arbeitszeit:

ca. 45 bis 60 Minuten

34

Schritt 1
Eckventile schließen

Schließen Sie die Wasserzuleitung (Warmwasser & Kaltwasser) an den beiden Eckventilen unter dem Waschbecken ab.

Schritt 2
Griff abnehmen

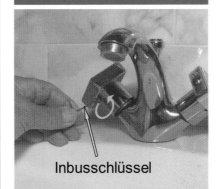

Inbusschlüssel

Drehen Sie die innere Stiftschraube (Madenschraube mit Innensechskant) mit einem Inbusschlüssel (Stiftschlüssel) so weit los, dass sich der Griff leicht abziehen lässt

Schritt 3
Kunststoffkappe abnehmen

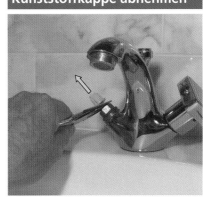

Drücken Sie die Kunststoffkappe mit einer Flachrundzange vorsichtig in der mit einem Pfeil angedeuteten Richtung heraus. Sie ist auf der Ventilspindel nur eingeklickt, bricht aber bei einer unvorsichtigen Demontage leicht auseinander, da sie erfahrungsgemäß auch bei den teuersten Batterien aus billigem „Spielzeug-Kunststoff" gemacht ist.

Schritt 4
Ventil herausdrehen

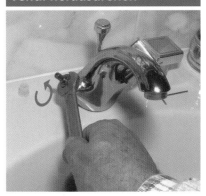

Reparaturen von Mischbatterien mit Keramikdichtungen

Spätestens jetzt sollten Sie den Wasseranschluss am Eckventil des maroden Wasserhahns zudrehen. Falls es mit der Hand nicht gelingen will, können Sie das Eckventil erst mit einer Wasserpumpenzange etwas lockern. Hat die Wasserpumpenzange keine schützenden Nylon-Backen, dann legen Sie ein Tuch oder Fensterleder dazwischen. Nachdem der Wasserzulauf abgeschlossen ist, kann mit einem Gabelschlüssel (oft Größe 17) das Ventil herausgedreht werden.

Schritt ⑤
Sicherungsring herausziehen

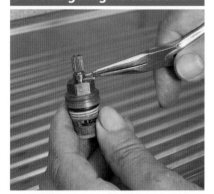

Um die Spindel mit dem Ventil weiter demontieren zu können, müssen Sie oft noch mit einer Zange den in der Ventilspindel eingeklickten Sicherungsring (oder eine Federsplinte) herausdrücken.

Schritt ⑥
Ventildichtung

Entnehmen Sie aus dem Ventil die untere Gummidichtung und sehen Sie sich danach an, ob sich innen im Ventil keine Fremdkörper verfangen haben und ob Sie eventuell nicht einige Teile des Ventils entkalken, säubern oder mit etwas Armaturenfett einschmieren können. Danach kann alles wieder montiert werden – es sei denn, ein Austausch der Batterie ist sinnvoll.

Wartung einer Badewannen-Mischbatterie

Die eigentlichen Ventile der Badewannen Zweihand-Mischbatterien unterscheiden sich nicht von denen, die als Mischbatterien für Spülen oder Duschen ausgelegt sind, denn sie verfügen über zwei Ventile (Warmwasser – und Kaltwasser-Ventile), die unabhängig voneinander funktionieren. Ihre Reparatur verläuft dann ebenfalls auf dieselbe Weise. Zu berücksichtigen ist nur die Art der Dichtung; sie kann auch hier wahlweise entweder als einfache Gummidichtung oder als Keramik-Dichtung ausgeführt sein – was spätestens nach einer Demontage des Ventils ersichtlich ist.

Wartung von Einhand-Mischbatterien

Erforderliches Werkzeug

a) Inbus-Schlüssel (ca. 2,5 mm)

b) evtl. Spezialschlüssel oder Wasserpumpenzange

Benötigte Hilfsmittel:

a) Reinigungsmittel
b) Armaturenfett
c) handelsüblicher Entkalker oder Essig

Benötigte Arbeitszeit:

ca. 1 bis 2 Stunden

Abb. 17: Einhand-Mischbatterien haben anstelle von Gummidichtungen sogenannte „Kartuschen", die gleichzeitig zwei Funktionen erfüllen: das Öffnen/Schließen und das wunschgerechte Mischen des kalten und warmen Wassers

Einhand-Mischbatterien haben einen gemeinsamen Mischer, der gleichzeitig für das Öffnen und Schließen der Warm- und Kaltwasser-Zuleitungen zuständig ist. Im Gegensatz zu den relativ einfachen Zweihand-Mischbatterien mit Gummidichtungen benötigen die meisten Einhand-Mischbatterien nur selten eine Reparatur.

Das trifft sich gut, denn die Konstruktionen solcher Mischer sind sehr unterschiedlich und somit stellt auch die Demontage dieser Vorrichtungen gehobene Ansprüche an Handfertigkeit und technische Phantasie. Zudem besteht hier die Reparatur eines undichten Mischers oft darin, dass seine ganze „Kartusche" (= sein ganzes „Innenleben") ausgewechselt werden muss – bzw. ausgewechselt werden müsste, wenn eine Ersatzkartusche erhältlich ist. Hier besteht das Dilemma darin, dass Ersatzkartuschen für ältere Mischbatterien üblicherweise nicht erhältlich sind und bei neuen Mischbatterien

wiederum nicht kaputt gehen. Und wenn die Kartusche „altersschwach" wird und nicht mehr gut dichtet, gibt es den Ersatz nicht mehr oder er ist derartig teuer, dass es sich nicht lohnt, eine alte – und meistens auch optisch „verschlissene" – Mischbatterie mühevoll zu reparieren.

Die vorhergehenden Überlegungen beziehen sich jedoch auf eine Erfahrung, die nicht unter allen Umständen zutreffen muss. Wenn Sie einen Grund dafür haben – oder einfach die Lust dazu verspüren – die Kartusche in Ihrer Batterie zu säubern oder zu ersetzen, ist dagegen nichts einzuwenden.

Die Demontage der Kartusche fängt mit der Suche nach der Schraube an, mit der sich der Einhand-Griff losschrauben lässt. Bei den meisten Einhand-Mischern modernerer Bauweise befindet sich diese Schraube am Griff. Manchmal hinten am unteren Rand, aber meistens vorne unter einer kleinen Kappe, die gleichzeitig als Anzeige der Warmwasser- & Kaltwasser-Richtungen dient. Wir zeigen einige der ersten Schritte, die vorgenommen werden müssen, um die Batterie so zu zerlegen, dass die Kartusche herausgenommen werden kann:

Wartung von Einhand-Mischbatterien

Schritt 1
Abdeckkappe herausziehen

Die Befestigungsschraube der Einhand-Mischbatterien-Griffe befindet sich meistens unter einer Abdeckkappe, die sich leicht mit dem Fingernagel herausziehen lässt. Können Sie die Stiftschraube sehen? Wenn ja, dann probieren Sie, ob Ihr 2,5 mm Inbusschlüssel in den Innen-Sechskant dieser Schraube passt. Wenn ja, dann sollten Sie jetzt die zwei Eckventile der Wasserzuleitung (unter dem Waschbecken) schließen.

Schritt 2
Stiftschraube lockern

Schrauben Sie die Stiftschraube der Batterie-Griffbefestigung so weit auf, dass sich der Griff abnehmen lässt.

Schritt 3
Kartuschen-Kappe

Der obere Teil der Batterie, unter dem sich die Kartusche befindet, lässt sich nun ebenfalls leicht abnehmen. Nicht vergessen: spätestens jetzt sollten Sie die Zuleitungen des warmen und kalten Wassers abschließen – falls Sie es noch nicht getan haben.

Schritt 4
Kartusche demontieren

Manche Kartuschen lassen sich nun relativ leicht herausziehen. Die Kartusche aus unserem Beispiel ist jedoch noch mit einer Ringverschraubung festgeschraubt, die sich in der Richtung gegen den Uhrzeigersinn (wie auf dem Foto mit grünen Pfeilen angedeutet ist) aufschrauben lässt. Eigentlich müssten Sie dieser Ringverschraubung mit einem speziellen Schlüssel zu Leibe rücken, aber da es sich (höchstwahrscheinlich) um ein einmaliges Anliegen handelt, darf man sich mit einer Improvisation zufrieden geben:

Schritt 5
Verschraubung öffnen

Wartung von Einhand-Mischbatterien

Mit einer passenden Wasserpumpenzange oder mit einem Gabelschlüssel (Größe ca. „30") lässt sich die Ringverschraubung mit etwas Glück losdrehen. Oft genügt nur eine halbe Drehung, danach kann die Mutter mit der Hand herausgedreht werden. Aus der Batterie wird nun möglicherweise etwas Wasser herauskommen. Legen Sie um ihren Rand ein Handtuch, um das heraustropfende Wasser abzufangen. Es kann vorkommen, dass eines der Absperr-Ventile nicht fest genug zugedreht wurde und ein Wasser-Rinnsal durchlässt, das auf diese Weise in Grenzen gehalten werden kann.

Schritt **6**
Ringschraubung herausnehmen

Diese Ringverschraubung hält die darunter sitzende Kartusche in ihrer „Arbeitsposition" und drückt sie gegen den Boden der Armatur dichtend fest. Achten Sie später bei der Montage darauf, dass diese Verschraubung angemessen kräftig die gereinigte oder erneuerte Kartusche gegen den Boden der Batterie andrückt – andernfalls würde diese lecken.

Schritt **7**
Kartusche herausnehmen

Nehmen Sie nun die Kartusche aus der Batterie heraus.

Schritt **8**
Kontrolle

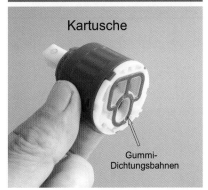

Kontrollieren Sie die Kartusche auf Schäden, Verschmutzung oder auf eingedrückte Fremdkörper in den Gummi-Dichtungsbahnen. Wenn diese Dichtungsbahnen nach einer Reinigung nicht sichtbar beschädigt sind, kann die Kartusche wieder verwendet werden. Andernfalls muss eine neue Kartusche in die Armatur eingesetzt werden.

Schritt **9**
Kartuschen-Vorsätze

Bevor Sie die gereinigte oder neue Kartusche in die Batterie hineinsetzen, sehen Sie sich an, wie sie an ihrem „Boden" konstruiert ist: es sind da zwei kleine herausstehende Positions-Vorsätze, die bei der Montage in die richtigen Vertiefungen hineingesetzt werden müssen, die sich im Boden der Batterie befinden – siehe Schritt 10:

Schritt **10**
Positionierung

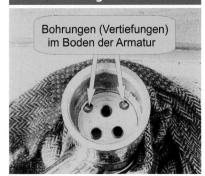

Bevor Sie die Kartusche in die Batterie zurücksetzen, sehen Sie sich bitte an, wo sich da die Vertiefungen befinden: in

Wartung von Einhand-Mischbatterien

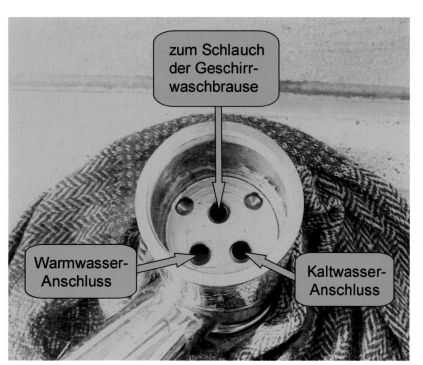

zum Schlauch der Geschirrwaschbrause

Warmwasser-Anschluss

Kaltwasser-Anschluss

Bemerkung:

In unserer Abbildung befinden sich im Boden der Armatur drei runde Bohrungen: zwei davon sind für die üblichen Zuleitungen von Warm- und Kaltwasser gedacht, und die dritte dient als gemeinsame Zuleitung des Wassers aus der Kartusche zu dem flexiblen Schlauch der herausziehbaren Geschirrspülbrause (die bei dieser Batterie anstelle von einem „normalen Wasserhahn" angebracht ist). Batterien, die nur mit einem festen oder schwenkbaren Wasserhahn ausgelegt sind, haben im Boden nur zwei Zuleitungsbohrungen (für warmes und kaltes Wasser). Dementsprechend sind auch die dazugehörenden Kartuschen auf das jeweilige Armaturen-System angepasst (darauf ist beim Kauf einer Ersatzkartusche zu achten).

diese Vertiefungen muss die Kartusche passend hineingesetzt werden. Reinigen Sie aber vorher den Boden der Armatur, der das Gegenstück zu der Gummidichtung der Kartusche bildet. Montieren Sie anschließend alles wieder zusammen, öffnen die Wasser-Zuleitungen und führen Sie danach die übliche Endkontrolle durch.

Alternativlösungen

Bei einigen Einhand-Mischern ist die Befestigungsschraube unter der Kappe des Griffes verborgen. Da sich der Vorgang bei der Demontage nicht zu sehr von den vorher beschriebenen Schritten unterscheidet, geben wir an dieser Stelle nur noch einige „produktbezogene" Hinweise:

Schritt ❶
Handgriff-Kappe abnehmen

Ziehen Sie die Handgriff-Kappe, die in ihrer Halterung nur eingeklickt ist, einfach mit der Hand ab.

Schritt ❷
Schraube entkalken

Die Befestigungsschraube ist in einer älteren Armatur meist „eingefressen". Oft kann es sich dabei um eine Kombination von Verkalkung und Korrosion handeln. Geben Sie auf eine solche Schraube einige Tropfen Entkalker und/oder Entroster, den Sie z.B. mit einem Kosmetik-Wattestäbchen auftragen und ca. 24 Stunden lang einwirken lassen.

Schritt ❸
Schraube herausdrehen

Mit etwas Glück lässt sich danach die Schraube problemlos herausdrehen. Verwenden Sie dazu jedoch einen ausreichend großen Schraubendreher. Ein zu kleiner Schraubendreher könnte den Schraubenschlitz derartig beschädigen, dass sich nach eventuell fehlgeschlagenen Versuchen die Schraube gar nicht mehr herausdrehen lässt.

Unser Tipp:

Wenn Sie eine Armatur besitzen, die sich in Hinsicht auf die Demontage als unnachgiebig zeigt, holen Sie sich Rat bei einem Baumarkt-Fachberater. Sehr nützlich können sich dabei ein paar Fotos von Ihrer Armatur bzw. von dem Stadium der Demontage erweisen, die Sie bis zu einem „Stolperstein" erfolgreich bewerkstelligen konnten. Suchen Sie sich für eine solche Konsultation einen Tag aus, an dem wenig Kundenverkehr zu erwarten ist.

unsichtbares
eingebautes Teil

Tiefhängende WC-Spülungen sind preiswert und sehr wartungsfreundlich, da alle inneren Bauteile nach einfachem Abnehmen der Abdeckung leicht zugänglich und gut erreichbar sind.

Wandeinbau-WC-Spülungen sind zwar in Hinsicht auf das Putzen sehr pflegeleicht, aber da hier der größte Teil des „Innenlebens" in der Wand versenkt eingebaut ist, werden hier auch die einfachsten Reparaturen zu einem ziemlich aufwändigen und zeitraubenden Anliegen.

WC-Spülkästen selber reparieren

Undichte WC-Spülung?

Hat sich da etwas verklemmt oder dichtet etwas schlecht? Die Ursachen sind manchmal harmlos, die Reparaturen oft einfach, aber der Ärger kann groß werden, wenn man sich selber nicht behelfen kann. Und groß können dann selbstverständlich auch die Kosten für die Reparatur sein.

Dabei ist so eine WC-Spülung leicht durchschaubar und kann problemlos eigenhändig repariert werden, wenn man im Bilde darüber ist, wie sie funktioniert. Je „moderner" so eine Spülung ausgelegt ist, desto mysteriöser scheint ihre Funktion zu sein. Vor allem bei einer WC-Spülung, die in der Wand „eingemauert" ist und ihre „technischen Geheimnisse" vor der Umwelt verbirgt.

Dennoch funktionieren alle WC-Spülungen nach demselben einfachen Prinzip. Nur die Anordnung ihrer Komponenten, die meist platzsparend etwas zu durcheinander verflochten sind, kann einen auf den ersten Blick verwirren. Macht nichts! Wir werfen einfach einen zweiten und dritten Blick auf diese scheinbar geheimnisvollen Mechanismen und verschaffen uns schnell eine solide Übersicht.

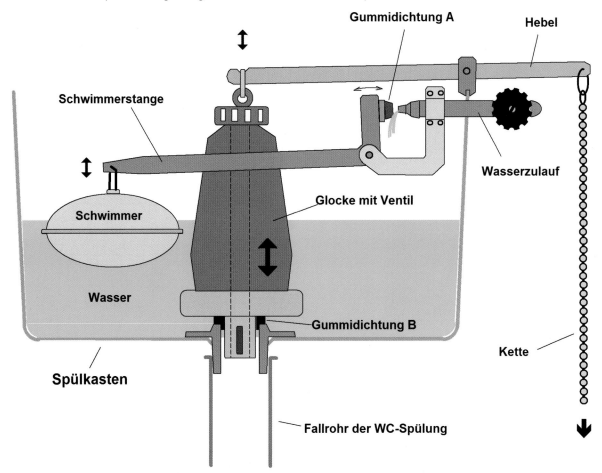

Abb. 18: Funktionsweise eines konventionellen Spülkastens

Undichte WC-Spülung?

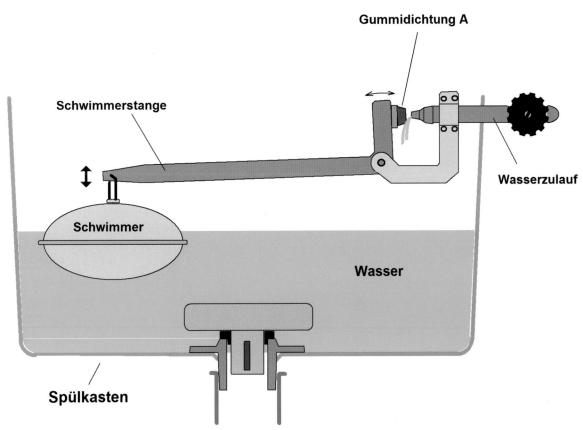

Gummidichtung A

Schwimmerstange

Wasserzulauf

Schwimmer

Wasser

Spülkasten

Abb. 19: Der Mechanismus der Spülwasser-Nachfüllung

Am leichtesten lässt sich die Funktion eines Spülkastens bei den „guten alten" hochhängenden Spülkästen durchschauen, die heutzutage nur noch in Altbauten zu finden sind. Man kann sie zwar nicht unbedingt als architektonische Schmuckstücke bezeichnen, aber die Anordnung aller Bauteile ordnet sich bei diesen „Produkten" nicht den aktuellen verkaufsfördernden Aspekten unter, sondern nur den technisch bedingten Ansprüchen an die eigentliche Funktion. Das ist an sich keine schlechte Phi-

losophie aus der Sicht eines „Betroffenen", der so ein Ding selber reparieren will.

Abb. 18 zeigt, wie ein „konventioneller" Spülkasten konstruiert ist und welche Aufgaben er dabei zu bewältigen hat. Das „Innenleben" eines WC-Spülkastens besteht immer aus zwei Vorrichtungen, die ihre Aufgabe voneinander unabhängig erfüllen: Aus einer Vorrichtung, die bedarfsbezogen das Spülwasser (Leitungs-Trinkwasser) in den Spülkasten nachfüllt und aus einer Vorrichtung, die bei Betätigung das Spülwasser aus dem Spül-

kasten in die WC-Schüssel herablässt.

Eine separate zeichnerische Darstellung beider angesprochenen Vorrichtungen erleichtert uns einen schnellen Einblick in das Geheimnis der Funktionsweise.

Abb. 19 zeigt die Anordnung des Mechanismus, der für das automatische Nachfüllen des Spülwassers zuständig ist. Die Funktion ist an Hand der Zeichnung leicht nachvollziehbar: der Schwimmer öffnet und schließt mit der Gummidichtung **„A"** das Wasserzulauf-Ventil. Mit sinkendem Wasser-

Undichte WC-Spülung?

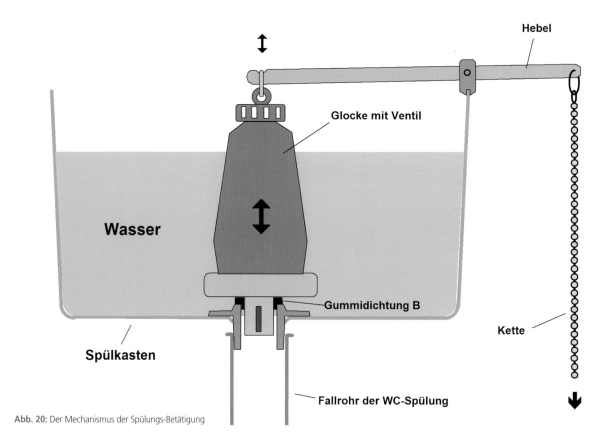

Glocke mit Ventil

Hebel

Wasser

Gummidichtung B

Kette

Spülkasten

Fallrohr der WC-Spülung

Abb. 20: Der Mechanismus der Spülungs-Betätigung

spiegel im Spülkasten sinkt auch der Schwimmer und öffnet dabei das Wasserzulauf-Ventil (dies geschieht jeweils während und nach der Spülung). Danach füllt sich der Kasten mit Wasser, das dabei den Schwimmer nach oben drückt, bis seine Gelenkstange die Gummidichtung an die Ventilspitze andrückt und den Wasserzulauf abschließt.

Wichtig ist dabei, dass diese Gummidichtung den Wasserzulauf immer perfekt abschließt, sobald der Wasserpegel im Spülkasten auf die erforderliche (bzw. eingestell-te) Füllhöhe gestiegen ist. Die Gummidichtung muss daher ausreichend weich und glatt sein und die (Messing-) Ventilspitze, die sie abschließt, muss sauber und ebenfalls glatt sein.

Abb. 20 verdeutlicht die Funktion der Spülungs-Betätigung. Der als Glocke bezeichnete Bauteil bildet eigentlich einen Teil des Ventils, das am Boden des Spülkastens den Wasserablauf zu der WC-Schüssel verschließt. Diese Glocke muss ein angemessen hohes Gewicht haben, um ihren unteren Teil, der als Boden-Ventil fungiert, an die Gummidichtung **„B"** gut (dichtend) andrük-ken zu können.

Um eine Überschwemmung des WCs zu verhindern, ist die Spülkasten-Glocke mit einem Überlauf in Form eines Hohlraumes versehen, der – wie in Abb. 21 eingezeichnet ist – mitten durch die Achse dieses „schwergewichtigen" Ventils läuft.

Wenn eine solche Spülung leckt, weist es darauf hin, dass eine der Dichtungen (**A** oder **B**) nicht mehr gut abdichtet. Dies ist

Undichte WC-Spülung?

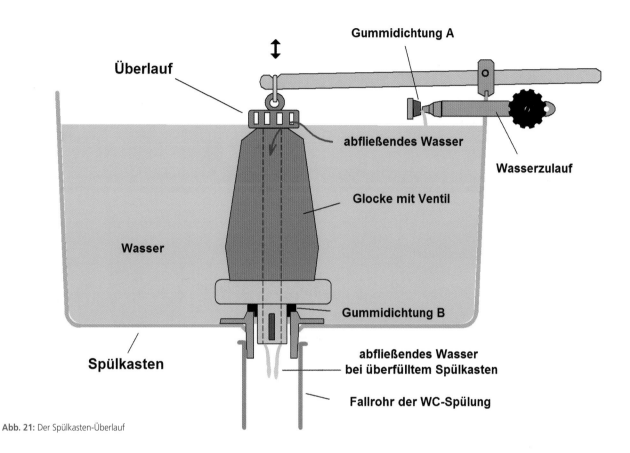

Abb. 21: Der Spülkasten-Überlauf

meistens dadurch verursacht, dass eine dieser Dichtungen zu sehr verschmutzt oder verkalkt ist. Die Dichtung **A** kann zudem auch verschlissen sein. Bei der Suche nach einer Ersatzdichtung kommen Sie erfahrungsgemäß bestenfalls bei einem Sanitär-Unternehmen zurecht. Baumärkte führen (listen) in der Regel nur Ware, die sich „kistenweise" einkaufen und ebenfalls „kistenweise" verkaufen lässt – und darunter fällt so eine kleine antike Gummidichtung leider nicht. Notfalls können Sie so eine

kleine Dichtung eigenhändig herstellen. Sie sollten dabei jedoch darauf achten, dass Sie für dieses „Kunstwerk" bevorzugt einen echten Gummi verwenden, der nicht nach zwei Jahren „versteinert", wie es z.B. bei diversen Radiergummis der Fall ist.

Auch bei den konventionellen Spülkästen gibt es selbstverständlich Unterschiede in der Konstruktion der Bauteile – obwohl ihre Anordnung von unseren vorhergehenden zeichnerischen Darstellungen nicht zu sehr abweicht. Die größten Unterschiede

weisen die Ventile des Wasserzulaufs auf. So ist z.B. der Dichtungsgummi **„A"** nicht immer sichtbar, sondern oft in dem Zulaufventil nach Abb. 22 eingebaut – allerdings demontierbar eingebaut.

Sie können in dem Fall bei einer Reparatur ähnlich vorgehen, wie bei der Reparatur eines tropfenden Wasserhahnes. Als einziges Problem kann sich dabei leider ergeben, dass passende Ersatzdichtungen nicht auffindbar sind. Manche der bestehenden Dichtungen lassen sich zwar umdrehen und die-

Undichte WC-Spülung?

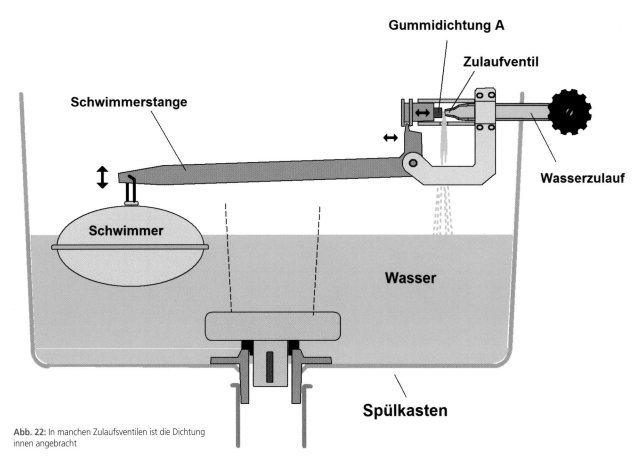

Abb. 22: In manchen Zulaufsventilen ist die Dichtung innen angebracht

nen dann einige Jahre brav weiter. Andere sind jedoch zu hart und zu brüchig und daher unbrauchbar geworden.

Wie soll es dann weitergehen? Eine Lösung gibt es immer. Es kommt nur darauf an, welche der in Frage kommenden Lösungen zu dem Zeitpunkt die beste ist. So kann z.B. das Wasserzulaufsventil eines Tiefspülkastens auch in einen hochhängenden Spülkasten eingebaut werden, wenn es sich als Ersatzteil ohne zu viel Aufwand einbauen lässt.

Ein solcher Einbau wird jedoch in den meisten Fällen ziemliche Ansprüche an Ihre Handfertigkeit und an die Ausstattung Ihrer Hobby-Werkstatt stellen. Da kann es einfacher werden, wenn Sie einen Tiefspülkasten ausfindig machen, dessen Auslösehebel (nach Abb. 22) seitlich angebracht ist. Ein solcher Spülkasten kann dann bei Bedarf ziemlich problemlos auch anstelle des alten Spülkastens montiert werden, wenn unten hinter der WC-Schüssel kein Platz für einen

Tiefspülkasten ist. Sie brauchen nur noch an seinem Auslösehebel eine Kette anzubringen und das Problem ist gelöst.

Falls auch die Wasser-Zuleitung zum Spülkastenanschluss geändert werden muss, kann dies z.B. mit Hilfe von Kupferrohren erfolgen (darauf kommen wir noch im Kapitel „Einfache Installationen" zurück).

Alternaiv zu der vorhergehenden Lösungsmöglichkeit bieten sich in den meisten Fällen noch andere Lösungen an. So gibt es

Undichte WC-Spülung?

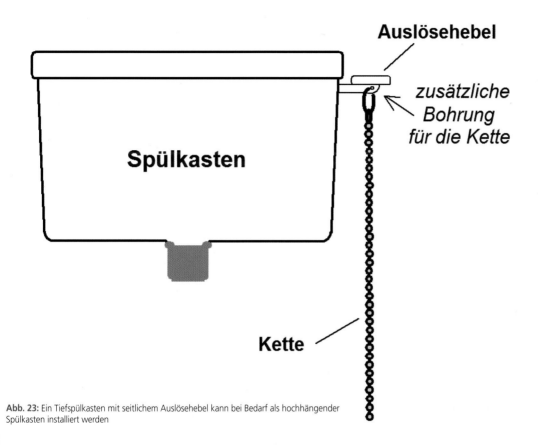

Auslösehebel

zusätzliche Bohrung für die Kette

Spülkasten

Kette

Abb. 23: Ein Tiefspülkasten mit seitlichem Auslösehebel kann bei Bedarf als hochhängender Spülkasten installiert werden

49

z.B. diverse Umbau-Sets für ältere Systeme. Manchmal kann im Rahmen einer WC-Renovierung gleich ein ganz neues Spülsystem installiert werden.

Bei den Planungsüberlegungen sollte jedoch bevorzugt darauf geachtet werden, dass bei dem Umbau der bestehende Ablauf der WC-Schüssel an seinem ursprünglichen Platz bleiben darf. Dies kann eventuell in Kombination mit einer neuen WC-Schüssel bewerkstelligt werden – vorausgesetzt, es bleibt z.B. noch genügend Platz für einen neuen flachen Spülkasten zwischen der Schüssel und der Wand.

Spülkästen selber reparieren

Eigentlich müsste die Überschrift „Wartung, Pflege und Reparaturen an Spülkästen" lauten. Wer ist aber bereit, so ein profanes Ding wirklich systematisch zu warten oder zu pflegen? Falls man da Hand anlegen muss, dann fällt es üblicherweise unter das Motto „Der Not gehorchend, nicht dem eignem Triebe".

Wenn es so weit ist, dass die Spülung nicht ordentlich spurt, da bleibt einem nichts anderes übrig, als sich an sie heranzumachen. Meist kommen da nur zwei Sorten Defekte vor: entweder hat sich da etwas verklemmt und die ganze Vorrichtung streikt, oder es rinnt sichtbar aus dem Spülkasten in die WC-Schüssel laufend Wasser heraus.

Beide dieser Defekte haben meistens dieselbe Ursache: die inneren Bauteile, worunter auch die Dichtungen des Spülkastens, sind verunreinigt und/oder verkalkt. Da ist es deutlich an der Zeit, das Ding auseinander zu nehmen und alle seine zu Teile reinigen. Das ist überhaupt nicht schwierig, aber es ist von Vorteil, wenn Sie während der Demontage mit einer digitalen Foto- oder Videokamera laufend Schritt für Schritt einzelne Positionen der Bauteile aufnehmen, bevor Sie diese auseinander nehmen. Anstelle von Fotos können Ihnen auch einige einfache Skizzen unnötigen Stress und Kopfzerbrechen bei der darauf folgenden Montage ersparen.

Je „moderner" und kompakter so ein Ding ist, umso schwieriger lässt es sich nach der Reinigung zusammensetzen, denn entwickelt werden solche Produkte meist nach dem Moto: „Warum etwas einfach machen, wenn es auch kompliziert geht?". Mit einer angemessenen Portion Geduld lässt sich zwar während der Demontage nachvollziehen, wie die zwei Funktionsteile (der Schwimmer-Teil mit dem Füllventil und der Betätigungs-Teil mit Wasserauslauf) ihre Aufgabe meistern. Die Montage stellt nachher dennoch gehobene Ansprüche an das genaue Einhalten der Reihenfolge des Zusammensetzens der einzelnen Bauteile.

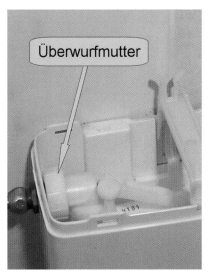

Überwurfmutter

Unser Tipp:

Bei der Demontage von manchen Überwurfmuttern (Ringverschraubungen) ist nicht immer ganz eindeutig ersichtlich, in welcher Richtung so eine Verschraubung losgedreht werden kann, da nirgendwo ein Gewinde sichtbar ist, das uns die Orientierung erleichtern könnte. Es gibt dennoch eine Orientierungshilfe, die Abb. 23 erläutert: den „Kopf" einer Überwurfmutter bildet immer die etwas mehr abgerundete Seite. Von dieser Seite ausgehend, wird eine solche Ringmutter **gegen den Uhrzeigersinn aufgedreht** und **im Uhrzeigersinn zugedreht**.

Überwurfmutter
(Seitenansicht):

Überwurfmutter
(gezeichnet im Schnitt):

Kopfseite

von dieser Seite aus:
☞ *gegen Uhrzeigersinn aufdrehen,*
im Uhrzeigersinn zudrehen

Abb. 24a + 24b: Die Form einer Überwurfmutter (Ringmutter) lässt darauf schließen, in welcher Richtung sie auf- oder zugedreht wird:
links: Ausführungsbeispiel einer Überwurfmutter, bei der auf den ersten Blick nicht deutlich ersichtlich ist, in welcher Richtung sie aufgedreht werden kann;
rechts: zeichnerisch dargestellte Erläuterung

50

Reparaturen an „tiefhängenden" Spülkästen

Unter die Bezeichnung „tiefhängende Spülkästen" fallen alle Spülkästen, die nicht oben nahe der Decke, sondern unten, hinter der WC-Schüssel installiert sind. Im Vergleich zu den herkömmlichen Spülkästen haben „tiefhängende" Spülkästen den Vorteil, dass alle ihre Bauteile ziemlich leicht zugänglich und somit auch leicht demontierbar sind.

Defekte, die bei diesen Geräten auftreten, unterscheiden sich nicht von denen, die bereits im Zusammenhang mit den vorhergehenden „hochhängenden Spülkästen" auf S. 44 bis 49 erläutert wurden: Entweder funktioniert die Mechanik des Spülkastens nicht zufriedenstellend oder aus dem Spülkasten rinnt quasi ununterbrochen Wasser.

Die Ursache der meisten Defekte liegt darin, dass die Dichtungen oder diverse bewegliche Bauteile zu stark verschmutzt oder verkalkt sind. Oft stuft man es als einen Defekt gar nicht so richtig ein, wenn in die WC-Schüssel aus dem Spülkasten ständig ein kaum sichtbares Wasser-Rinnsal hineinläuft. Dabei kann sich dadurch der Wasserverbrauch leicht bis um etwa 100 Liter pro 24 Stunden bzw. bis um einen Kubikmeter Wasser in zehn Tagen erhöhen. Da ist sicherlich eine schnelle Reparatur nötig.

Möchten Sie eine solche Reparatur vorerst nur schnell und gezielt erledigen, kann Ihnen bei der Lokalisierung des Defektes folgende Beobachtung des Verhaltens der „Blasenschwäche" Ihres Spülkastens helfen:

Betätigen Sie die Spülung und beobachten Sie, wie danach das Wasser in die WC-Schüssel nachläuft: Einige Sekunden lang nach dem Durchspülen fließt noch das restliche Wasser aus dem Wasserzulauf heraus, das Rinnsal wird anschließend aber zunehmend schwächer und ist schließlich nicht mehr sichtbar, wenn die Ablaufdichtung (Gummidichtung **B**) intakt ist. Der Defekt müsste in dem Fall bei einem schlecht dichtenden Zulaufventil liegen (Gummidichtung **A**). Ist dem so, dann wird das Rinnsal in dem Moment wieder zurückkehren, in dem das Nachfüllen des Spülkastens hörbar aufgehört hat, bzw. wenn es eventuell nur noch als ein leises Zischen wahrnehmbar ist. Da sich bei einem undichten Zulaufventil der Spülkasten weiterhin mit Wasser füllt, läuft das Wasser durch den Spülkasten-Überlauf in die WC-Schüssel hinein.

Ist nicht das Zulaufventil, sondern die Ablaufdichtung undicht, erkennen Sie das daran, dass das dünne Rinnsal ununterbrochen auch nach der Betätigung der Spülung während des hörbaren Nachfüllens des Spülkastens weiter läuft.

Wie bereits erklärt wurde, gibt es bei allen Spülkästen nur zwei Vorrichtungen (die Zulauf-Vorrichtung und die Ablauf-Vorrichtung), aus denen sich der ganze Mechanismus zusammensetzt. In den meisten Fällen wird nur eine von diesen beiden Vorrichtungen bzw. eine der beiden Dichtungen ihre Aufgabe nicht zufriedenstellend erfüllen – was die Suche nach der Ursache erleichtert.

Erfahrungsgemäß gehen die eigentlichen Gummidichtungen einer WC-Spülung nur sehr selten kaputt (mit Ausnahme von sehr alten Spülungen). Meistens werden sie im Laufe der Zeit nur durch eine stärkere Verunreinigung oder Verkalkung undicht. Daher werden Sie bei einer solchen Reparatur nur in den seltensten Fällen eine neue Dichtung benötigen. Sie brauchen nur die bestehende Gummidichtung, sowie auch alle für das Dichten zuständigen Konstruktionsteile zu säubern (bei Bedarf auch entkalken).

Wenn Sie sich dafür die notwendige Zeit nehmen können, lohnt es sich, wenn Sie bei einer solchen „erzwungenen" Gelegenheit gleich alle inneren Bauteile der Spülung herausnehmen und reinigen. Wir zeigen Ihnen an einem konkreten Beispiel auf der folgenden Seite, wie Sie dabei Schritt für Schritt vorgehen können.

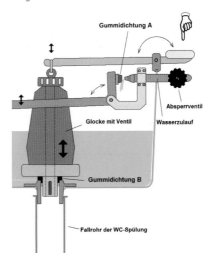

Abb. 25: Wenn eine WC-Spülung undicht wird, liegt die Ursache darin, dass entweder die Gummidichtung **A** oder die Gummidichtung **B** verschmutzt, verkalkt oder verschlissen sind

So reparieren Sie einen Wand-Spülkasten

Erforderliches Werkzeug

a) Passender Schraubendreher

b) Passende Gabelschlüssel- oder

Wasserpumpen-Zange mit Nylon-Backenauflagen

Benötigte Hilfsmittel:

a) Reinigungsmittel
b) Armaturenfett
c) handelsüblicher Entkalker oder Essig

Benötigte Arbeitszeit:

ca. 35 bis 60 Minuten

Schritt ❶
Deckel öffnen

Öffnen (entfernen) Sie den Spülkasten-Deckel und schließen Sie die Wasserzuleitung am Spülkastenventil ab. Dieses Ventil befindet sich oft außerhalb des Spülkastens – wie auf unserem Foto – manchmal jedoch auch innen im Spülkasten (am Eingang der Wasser-Zuleitung, die aus einem Wasserleitungsrohr aus der Wand kommt)

Schritt ❷
Optische Kontrolle

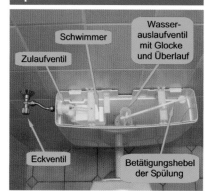

Schwimmer

Wasser-auslaufventil mit Glocke und Überlauf

Zulaufventil

Eckventil

Betätigungshebel der Spülung

Sehen Sie sich nun in aller Ruhe an, wie die einzelnen Bauteile Ihres Spülkastens

ausgelegt sind und vergleichen Sie ihre Anordnung sowohl mit diesem Foto wie auch mit den zeichnerischen Darstellungen in Abb. 17 bis 19 (auf S. xx). Auch wenn sich die Anordnung und Form der Bausteine Ihres Spülkastens von denen auf unserem Foto oder in unseren Zeichnungen etwas unterscheidet, werden Sie ihre Grundfunktion dennoch nachvollziehen können: Der Betätigungshebel ist logischerweise immer mit dem Wasserauslaufventil und seiner Glocke mechanisch verbunden. Der Schwimmer sitzt wiederum immer in der Nähe des Zulaufventils – auch wenn er bei moderneren Spülkästen oft in einem eigenen Gehäuse versteckt ist. Alles klar? Wenn nicht, wird sich spätestens nach der Demontage zeigen, wozu die einzelnen Bauteile gedacht sind.

Schritt ❸
Hebel herausnehmen

Wenn Sie es sich zutrauen, nehmen Sie nun Schritt für Schritt einzelne kompakte Bauteile des Spülkasten-Innenlebens vorsichtig heraus. Sie sind im Spülkasten

So reparieren Sie einen Wand-Spülkasten

größtenteils nur in Nuten-Führungen eingeklickt. Achten Sie aber bitte darauf, dass Sie die oft filigranen Einklick-Verbindungen nicht durch zu viel Kraftaufwand abbrechen. Wir haben hier mit dem vorsichtigen Herausnehmen des in seiner Halterung eingeklickten Betätigungshebels angefangen, an dessen anderem Ende das Wasserauslauf-Ventil mit Glocke hängt.

Schritt 4
Glocke herausnehmen

Die Glocke will sich aber manchmal nicht herausziehen lassen und scheint irgendwo fest zu sitzen. Sie ist oft unten eingeklickt. Eine ähnliche leichte Drehung nach links (wie beim Öffnen einer Ketchup-Flasche) genügt, um die Glocke mit allem „drum und dran" leicht herausnehmen zu können. Das ist sehr einfach.

Schritt 5
Gummidichtung reinigen

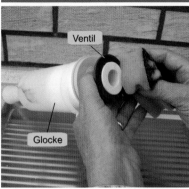

Jetzt können Sie die Gummidichtung des Ventils der Glocke reinigen. Warmes Wasser mit etwas Spülmittel genügt. Die Glocke dürfte dabei auch etwas abgewaschen und von eventuellen Schmutzresten befreit werden. Wenn die ursprüngliche Fehlfunktion darauf hingewiesen hat, dass als ihre Ursache eindeutig nur die schlecht dichtende Glocke in Frage kommen konnte, dann könnten Sie nun alles wieder zusammensetzen und den Defekt als behoben betrachten. Da Sie aber schon dabei sind, dürfte es nicht schaden, wenn Sie gleich auch das Zulaufsventil reinigen, das sich am „Eingang" der Wasserzuleitung befindet und mit dem Schwimmer verbunden ist.

Schritt 6
Zulaufsventil

Das Zulaufsventil ist selbstverständlich fest an die Verschraubung der Wasser-Zuleitung aufgeschraubt. Das lässt sich nur sel-

ten mit der Hand losdrehen. Mit der Wasserpumpenzange geht es ganz leicht, aber Sie müssen sich vorher die Ringmutter gut anschauen, denn oft ist es gar nicht auf den ersten Blick ersichtlich, in welcher Richtung sie losgedreht werden sollte: Wohl aber auf den zweiten Blick – siehe hierzu Abb. 24b.

Schritt 7
Zulaufsrohr abziehen

Nachdem Sie die Ringmutter mit der Zange gelockert haben, lässt sie sich mit der Hand losschrauben und von der Verschraubung des Zulaufsrohrs abziehen.

So reparieren Sie einen Wand-Spülkasten

Schritt ⑧
Schwimmer herausnehmen

Der Schwimmer, der samt seines Gehäuses nur von der nun losgedrehten Verschraubung im Spülkasten gehalten wurde, kann jetzt aus dem Spülkasten vorsichtig herausgenommen werden.

Schritt ⑨
Schwimmer reinigen

Um das Schwimmer-Gehäuse innen reinigen zu können, wird der Schwimmer mit Hilfe der Wasserstand-Einstellschraube so weit herausgeschraubt, dass er sich herausschwenken lässt.

Schritt ⑩
Schwimmergehäuse reinigen

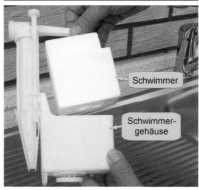

Schwimmer

Schwimmergehäuse

Jetzt können sowohl der Schwimmer als auch das Innere seines Gehäuses gereinigt werden.

Schritt ⑪
Zulaufsventil

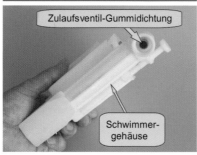

Zulaufsventil-Gummidichtung

Schwimmergehäuse

Die Gummidichtung des Zulaufsventils muss selbstverständlich auch gut gereinigt werden. Diese Dichtung wird von dem Schwimmer jeweils nur sanft angedrückt – im Gegensatz zu Dichtungen an Wasserhähnen, die oft kräftig mit der Hand zugedreht werden. Daher ist eine Erneuerung dieser Dichtung unter normalen Umständen nicht erforderlich. Eine

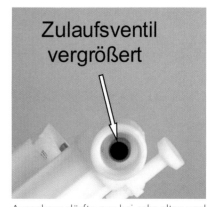

Zulaufsventil vergrößert

Ausnahme dürfte nur bei sehr alten und bis zur Unbrauchbarkeit verschlissenen Spülkästen vorkommen. Da ist eine Erneuerung des Spülkastens angesagt. Zu diesem Zweck sind gelegentlich auch nur die inneren Vorrichtungen als „Umbausets" erhältlich, die in den bestehenden Spülkasten eingebaut werden können.

So reparieren Sie einen Wandeinbau-Spülkasten

Erforderliches Werkzeug

a) Passender Schraubendreher

b) Passender Gabelschlüssel- oder

Wasserpumpen-Zange mit Nylon-Backenauflagen

Benötigte Hilfsmittel:

a) Reinigungsmittel
b) Armaturenfett
c) handelsüblicher Entkalker oder Essig

Benötigte Arbeitszeit:

ca. 35 bis 60 Minuten

WC-Wandspülkästen sind schick und von außen pflegeleicht – zumindest so lange alles gut funktioniert.

Spülkästen, die in der Wand eingebaut sind, gehören zu der „Gattung" der tiefhängenden Spülkästen und funktionieren ähnlich, wie alle anderen Spülkästen auch.

Eigentlich ist so ein „versteckter" Spülkasten viel schlimmer, denn für einen „Außenstehenden" (also für jeden, der diese Vorrichtung nicht persönlich entwickelt hat) ist dabei sehr schwer zu erkennen, welches Bauteil wo eingeklickt ist und in welcher Reihenfolge die einzelnen Stücke demontiert werden können. Wäre es ein normaler Haushalts-Gebrauchsgegenstand, würde man ihn beim ersten Versagen mit größter Wonne in den Müll schmeißen und durch einen neuen ersetzen. Bei so einem Spülkasten geht es leider nicht so einfach, denn man ist ja selten bereit, die ganze Mauer aufzubrechen, um ein anderes, höchstwahrscheinlich ähnlich diffizil entwickeltes Ding einzubauen, um einige Jahre später wieder mit demselben Problem konfrontiert zu werden.

Eine Überlegung, dass man nur alle Innenteile des Spülkastens durch neue ersetzen könnte, bringt auch nichts, denn die Demontage bleibt einem nicht erspart. Und echt kaputt ist das alte Zeug meistens nicht, sondern oft bloß verdreckt und verkalkt und es braucht nur etwas gereinigt zu werden – was wiederum den leichtesten Teil an der ganzen Reparatur darstellt. Es dürfte sich also lohnen, dass man die Innereien dieser Vorrichtung im wahrsten Sinne des Wortes in den Griff bekommt. Daher widmen wir

nun auch der Erläuterung der Demontage einen „bedienungsfreundlichen" Spielraum:

Schritt 1
Spülkasten-Deckel lockern

Drücken Sie den Spülkasten-Deckel von unten in Richtung nach oben so weit an, dass er federnd aus seiner oberen Halterung herausklickt, und oben leicht nach vorne herausschwenkt.

Schritt 2
Deckel abnehmen

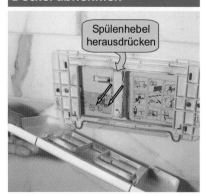

Spülenhebel herausdrücken

Nehmen Sie den Spülkasten-Deckel ab und entfernen Sie danach durch einen

So reparieren Sie einen Wandeinbau-Spülkasten

leichten Druck in der im Bild angedeuteten Richtung den Spülhebel (er ist in seiner Halterung nur eingeklickt)

Schritt ③
Rahmen abschrauben

Schrauben der Rahmenbefestigung

Schrauben Sie den Spülkasten-Rahmen mit den links und rechts angebrachten (und im Foto angezeigten) Schrauben ab.

Schritt ④
Haltestangen herausklicken

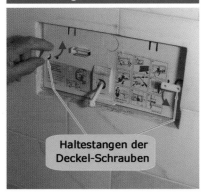

Haltestangen der Deckel-Schrauben

Drehen Sie beide Haltestangen der Deckelschrauben vorsichtig um 90° gegen den Uhrzeigersinn, bis sie spürbar aus ihrer Halterung herausgeklickt sind.

Schritt ⑤
Haltestangen herausziehen

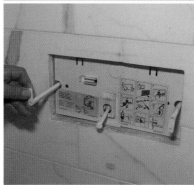

Ziehen Sie die Haltestangen aus dem Spülkasten heraus und legen Sie diese ab. **Wichtig:** die Haltestangen haben keine fest vorgegebene Endposition und müssen bei der anschließenden Montage wieder so tief eingeklickt werden, dass sie etwa 2 bis 3 mm unterhalb der Fliesen-Ebene sitzen. Klicken Sie sie dann auf dieselbe Weise ein, wie Sie sie herausgenommen haben – diesmal allerdings mit einer 90-Grad-Drehung im Uhrzeigersinn.

Schritt ⑥
Abdeckung abnehmen

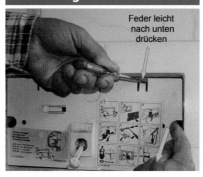

Feder leicht nach unten drücken

Um die Abdeckung des Spülkastens zu entfernen, müssen Sie die oberen zwei (links und rechts angebrachten) Kunststoff-Federn etwas eindrücken und dabei den Deckel leicht zu sich (nach außen) ziehen. Nachdem der Deckel oben ausgeklickt ist, kann er leicht abgenommen werden.

Schritt ⑦
Schwimmerventil

Da es bei den Wandeinbau-Spülkästen gewisse Unterschiede in der Anordnung der einzelnen Bauteile gibt, können Sie sich am schnellsten eine Übersicht über die Frage „who is who" auf die Weise verschaffen, dass Sie den flexiblen Schlauch des Wasseranschlusses ausfindig machen. Er führt vom Wasserzulauf zum Schwimmerventil – also zum Schwimmer, der oft in einem kleinen Kunststoff-Gehäuse verborgen ist und eine selbstständige Einheit bildet.

Schritt ⑧
Wasserzulauf-Ventil

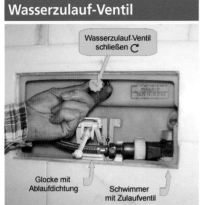

Wasserzulauf-Ventil schließen ↻

Glocke mit Ablaufdichtung

Schwimmer mit Zulaufventil

Schließen Sie nun das Wasserzulauf-Ventil (den Zulaufhahn) für den Spülkasten und betätigen Sie danach die Spülung (ziehen Sie an der Glocke), um den Spülkasten zu entleeren. Sehen Sie sich jetzt in aller Ruhe an, wie die einzelnen Bauteile Ihres Spülkastens angeordnet sind und vergleichen Sie alles mit den zeichnerischen Darstellungen in Abb. 18 bis 22.

Schritt ⑨
Schwimmer

Drehen Sie die Kunststoff-Überwurfmutter der Wasserzuleitung zum Schwimmer auf. Das geht am besten mit Hilfe eines „rutschfesten" Handschuhs. Den Schlauch dieser Wasserleitung können Sie vorübergehend in den Leerraum links herabhängen lassen.

Schritt ⑩
Klemmverbindung

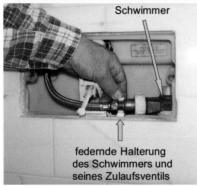

Schwimmer

federnde Halterung des Schwimmers und seines Zulaufventils

Drücken Sie den Schlauch der Wasserzuleitung zum Schwimmer aus seiner Klemmverbindung heraus. Damit ist der Schwimmer von jeglicher Verbindung zum Spülkasten befreit.

Schritt ⑪
Glocke

Um den Schwimmer mit seinem Gehäuse herausnehmen zu können, müssen Sie nun erst den Trägerbügel aus der Mitte des Spülkastens herausnehmen, der für die Bedienung der Glocke zuständig ist. Das geht ganz einfach, denn er wird an seiner Vorderseite nur durch die Spülka-

diese Kunststoff-Einheit vorne etwas hoch heben und herausnehmen

sten-Abdeckung gehalten, die bereits bei Schritt 6 entfernt wurde.

Schritt ⑫
Schwimmer-Einheit

Schwimmer-Einheit

Nehmen Sie die ganze Schwimmer-Einheit aus dem Spülkasten heraus. Jetzt haben Sie im Spülkasten endlich ein bisschen mehr Platz und können die Demontage leichter fortsetzen.

57

So reparieren Sie einen Wandeinbau-Spülkasten

Schritt ⑬

Glockenhalterung

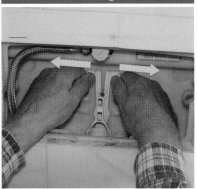

In der Mitte des Spülkastens befindet sich eine längliche Halterung, die die Glocke gegen den Boden des Spülkastens andrückt (was jedoch von außen nicht gut sichtbar ist). Um dieses Teil herausnehmen zu können, müssen Sie – wie abgebildet – seine zwei oberen Teile so weit auseinander ziehen, dass es sich von dem Stift abziehen lässt, in dem es fest eingeklemmt ist. Es wird sich etwas dagegen wehren, aber brechen Sie es bitte nicht auseinander (es ist aus einem ähnlichen Kunststoff gemacht, wie die Joghurt-Becher und daher nicht besonders strapazierfähig).

Schritt ⑭

Glocken-Demontage

Ziehen Sie nun vorsichtig die Glocken-Halterung nach oben heraus und legen Sie sie zu den Bauteilen hin, die nicht gereinigt werden müssen (man sollte es ja mit dem Putzen nicht übertreiben).

Schritt ⑮

Klickverschluss A

Jetzt muss die Glocke durch eine Drehung nach links (gegen den Uhrzeigersinn) noch von ihrem skurrilen Klickverschluss

im Spülkastenboden befreit werden und anschließend können Sie sie ein Stück hochziehen. Zu einem Siegesjubel gibt es immer noch keinen Grund, denn Sie werden feststellen, dass sich die Glocke immer noch nicht gewaltlos herausnehmen lässt.

Schritt ⑯

Klickverschluss B

eingeklickt

Um die Glocke herausnehmen zu können, müssen Sie ihren oberen Teil (die obere Hälfte ihres Überlaufrohres) aus ihrem Unterteil herausklicken. Wenn Sie sich die Verbindung näher ansehen, werden Sie feststellen, dass eine leichte Drehung genügt, um dieses „Wunderwerk" in zwei Teile zu zerlegen, die sich danach einzeln herausnehmen lassen. Sehen Sie sich bei dieser Gelegenheit mit einem kleinen Spiegel an, wie es mit dem Klickverschluss auf dem Spülkastenboden aussieht. Das wird Ihnen die anschließende Montage dieser Konstruktion erleichtern.

Schritt ⑰
Schwimmer-Ventil

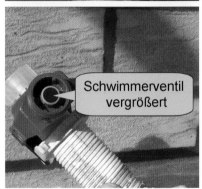

Jetzt können Sie den demontierten Schwimmer – und vor allem sein Ventil – nach Bedarf von Kalk und Schmutz befreien.

Schritt ⑱
Glocken-Dichtung

Der wichtigste Teil der Glocke ist ihre Gummidichtung, denn wenn sie nicht perfekt sauber ist, fließt aus dem Spülkasten laufend Wasser in das WC-Becken hinein. Dabei kann es sich um ein kaum sichtbares Rinnsal handeln, das dennoch zur Folge haben kann, dass einige hundert Liter Trinkwasser pro Woche auf diesem Weg verloren gehen.

Da auch Wandeinbau-Spülkästen unterschiedlich konstruiert sind, wird möglicherweise das „Innenleben" Ihres Spülkastens etwas von dem abweichen, was hier beschrieben wurde. Die hier erläuterten einzelnen Schritte können Ihnen dennoch als ein brauchbarer Wegweiser auch bei einer Demontage weiterhelfen, bei der Sie möglicherweise auf etwas anders gestaltete oder anders befestigte Bauteile stoßen.

Meistens ist dennoch auch in anderen Spülkästen alles relativ leicht demontierbar, wenn man weiß, woran gezogen werden kann oder worauf gedrückt wer-

Unser Tipp:

Erfahrungsgemäß kann es manchmal vorkommen, dass Sie nicht unbedingt die Demontage, die Reinigung und die Montage ohne Unterbrechung erledigen können, die unter Umständen auch mehrere Tage dauern kann. Man vergisst dann möglicherweise, wie die einzelnen Teile ursprünglich zusammengesetzt waren. Ein paar einfache Notizen, Skizzen oder Fotos mit einer Digitalkamera können Ihnen viel Fluchen und Kopfzerbrechen bei der Montage ersparen.

den muss. Das kann manchmal einer guten Bedienungsanleitung entnommen werden, oft lässt es sich aber mit etwas Geduld leicht ausfindig machen. Und dazu brauchen Sie kein technisches Genie zu sein, denn das war der Konstrukteur Ihres Spülkastens höchstwahrscheinlich auch nicht. Falls doch, dann lässt sich alles mit zwei einfachen Handgriffen in zwei Sekunden herausnehmen und auf dem Deckel steht eine leicht verständliche Ausbau-Anleitung.

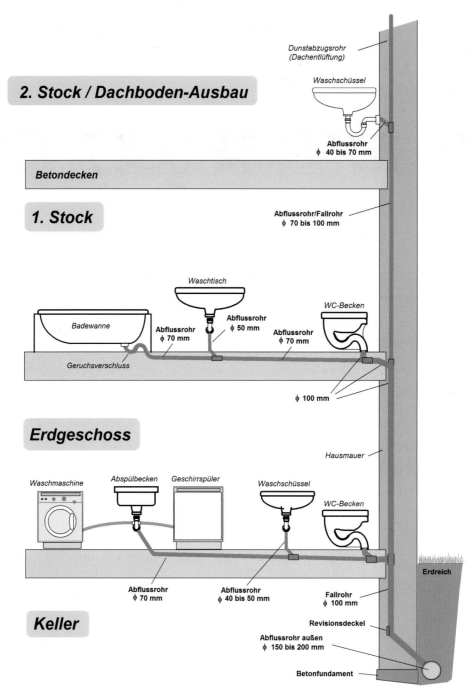

2. Stock / Dachboden-Ausbau

Dunstabzugsrohr
(Dachentlüftung)

Waschschüssel

Abflussrohr
φ 40 bis 70 mm

Betondecken

1. Stock

Abflussrohr/Fallrohr
φ 70 bis 100 mm

Waschtisch

Abflussrohr
φ 50 mm

WC-Becken

Badewanne

Abflussrohr
φ 70 mm

Abflussrohr
φ 70 mm

Geruchsverschluss

φ 100 mm

Erdgeschoss

Hausmauer

Waschmaschine *Abspülbecken* *Geschirrspüler* *Waschschüssel*

WC-Becken

Abflussrohr
φ 70 mm

Abflussrohr
φ 40 bis 50 mm

Fallrohr
φ 100 mm

Erdreich

Keller

Revisionsdeckel

Abflussrohr außen
φ 150 bis 200 mm

Betonfundament

Ausführungsbeispiel des Abwasser-Systems eines Wohnhauses: Das Abwasser fließt durch ein Rohrsystem in die öffentliche Kanalisation ab.

Abfluss verstopft?

Abfluss verstopft?

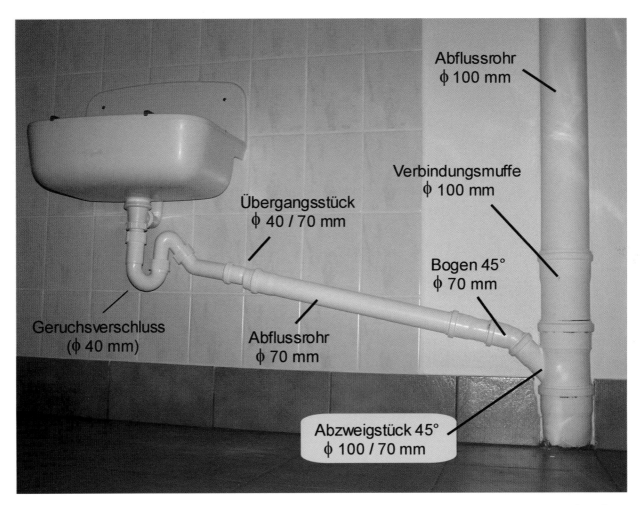

Abflussrohr
φ 100 mm

Verbindungsmuffe
φ 100 mm

Übergangsstück
φ 40 / 70 mm

Bogen 45°
φ 70 mm

Geruchsverschluss
(φ 40 mm)

Abflussrohr
φ 70 mm

Abzweigstück 45°
φ 100 / 70 mm

Abflüsse gehören zu den einfachsten technischen Vorrichtungen in unseren Haushalten. Wenn man sie mit einem entsprechenden „Gefühl für Proportionen" behandelt, funktionieren sie auch problemlos.

Eine Abfluss-Verstopfung lässt sich in den meisten Fällen schnell und leicht beheben. Am einfachsten geht es oft mit Hilfe eines handelsüblichen chemischen Abflussreinigers oder mit einer Gummi-Saugglocke. Bei der Anwendung einer Saugglocke wird das verstopfte Spülbecken ca. 10 cm hoch mit warmem Wasser gefüllt. Während der Betätigung der Saugglocke muss mit einem Fensterleder oder mit einem Tuch die obere Beckenüberlauf-Öffnung gut abgedichtet werden (andernfalls kann die Saugglocke in dem Abflussrohr keinen Über- oder Unterdruck erzeugen).

Klappt es dennoch nicht – oder verfügen Sie über keine Saugglocke und halten Sie nichts von einer chemischen Abfluss-Reinigung – dann können Sie einfach den Siphon auseinanderschrauben und reinigen.

Röhren- und Flaschensiphons

Unter der Bezeichnung „Siphon" versteht man in der Sanitärtechnik den „Geruchsverschluss", der unter jedem Waschbecken, Spülbecken, WC-Becken und unter jeder Badewanne und Dusche installiert ist. Seine Hauptfunktion besteht darin, dass er die Verbindung zu der Kanalisation mit Abflusswasser verschließt und so verhindert, dass der Kanal-Gestank in den Wohnbereich austreten kann. Seine Nebenfunktion besteht darin, dass er diverse kleine Gegenstände, die versehentlich in den Abfluss geraten, vor dem Abtransport in die Kanalisation abfangen und somit retten kann.

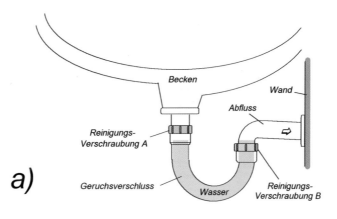

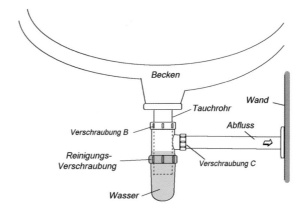

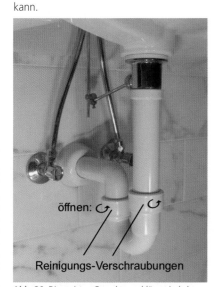

Abb. 26: Die meisten Geruchsverschlüsse sind als Röhrensiphons ausgeführt

Die meisten Geruchsverschlüsse sind als Röhrensiphons nach Abb. 26 und 27a ausgelegt. Gegenüber den Flaschensiphons haben sie zwei Vorteile: sie verstopfen nicht so

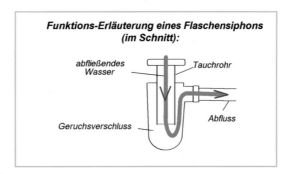

Abb. 27:
a) Funktionsweise eines Röhrensiphons; b) Funktionsweise eines Flaschensiphons

63

Röhren- und Flaschensiphons

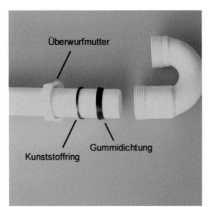

Abb. 28: Bei der Verschraubung eines Röhrensiphons dichtet ein keilförmiger Gummi-Ring die Verbindung der zwei Rohre ab

Hinweis:

Wie aus Abb. 26 hervorgeht, werden die Verbindungen der zwei Kunststoffrohre eines Röhrensiphons durch einen keilförmigen Gummi-Dichtungsring abgedichtet, den die Überwurfmutter mit Hilfe eines Kunststoff-Gleitringes zwischen die Verbindung der zwei Rohre eindrückt.

leicht und können auch an Abfluss-Rohrstutzen in der Wand angeschlossen werden, die sich nicht mittig unter dem Ablauf des Beckens befinden.

Eine Verstopfung entsteht hier meistens nur in dem unteren Bogen, der sich bei etwas Glück sogar mit der Hand auf die Weise leicht herausschrauben lässt, dass die zwei Reinigungsverschraubungen (Überwurfmuttern) nach Abb. 26 gegen den Uhrzeigersinn aufgeschraubt werden. Wenn es Ihre Hand nicht bewältigt, muss eine Wasserpumpenzange zu Hilfe genommen werden. Halten

Sie in dem Fall ein Fensterleder unter den Greifflächen der Zange, um die Verschraubungen vor unnötigen (und hässlichen) Kratzern zu schützen. Bevor Sie mit dem Lockern der Verschraubungen anfangen, stellen Sie darunter eine größere Schüssel zum Abfangen des Wassers.

Flaschensiphons sehen zwar eleganter aus als Röhrensiphons, verstopfen jedoch leichter und eignen sich daher bevorzugt lediglich für Waschbecken, die z.B. nur zum Händewaschen vorgesehen sind und bei denen der Siphon sichtbar bleibt. Dadurch, dass hier das Wasser einen Umweg durch das Tauchrohr macht, kann sich z.B. ein Zündholz oder eine kleine Haarspange verklemmen, können Haare und anderer Schmutz aufgefangen werden und den Siphon verstopfen. Ein Flaschensiphon kann aber wiederum z.B. einen kleinen Ohrring oder Ring abfangen und vor dem Abtransport in die Kanalisation sicherer bewahren, als ein Röhrensiphon. Im Vergleich mit dem Röhrensiphon lässt sich ein Flaschensiphon leichter reinigen, da nur eine Verschraubung zu lösen ist. Aus diesem Siphon läuft zudem auch nicht so viel Schmutzwasser wie aus dem Röhrensiphon heraus. Einen kleinen Eimer sollten Sie dennoch darunter stellen.

Verstopfte Abflüsse bei Badewannen und Duschen

Geruchsverschlüsse sind bei Badewannen und Duschen üblicherweise als Röhrensiphons ausgelegt und durch eine Revisionsöffnung an der Wannenseite zugängig. Ähnlich wie in Abb. 25a dargestellt ist, müssen bei einigen Badewannen- und Duschwannen-Siphons ihre zwei Reinigungsverschraubungen **A** und **B** losgeschraubt werden, um den Siphon reinigen zu können. Bei einigen Wannen hat der Siphon – wie Abb. 27 zeigt – unter dem Wannenboden nur eine Verschraubung (Ringverschraubung) und ist an seiner anderen Seite mit einer Schraube an den Wannenabfluss nach Abb. 28 von oben befestigt. Das spart Einbauhöhe und erleichtert die Montage – bzw. Demontage, denn in den Zugangsöffnungen der Wannen ist meistens ohnehin nur Platz für eine Hand.

Erfahrungsgemäß kommt es nur relativ selten vor, dass der Geruchsverschluss einer Badewanne oder einer Dusche verstopft ist. Wenn sich da jedoch eine Haarspange verklemmt, um die sich anschließend Haare ansammeln, hilft aber weder eine Saugglocke, noch ein chemischer Abflussreiniger. In dem Fall muss der Siphon demontiert werden. Das geht in der Praxis einfacher, als es vielleicht auf den ersten Blick aussehen mag – auch wenn manchmal der Ring der Verschraubung fester sitzt, als wünschenswert wäre. Falls dem so ist, gießen Sie kochendes Wasser in den Geruchverschluss und warten Sie kurz, bis sich die Rohre erwärmt haben und weicher werden. Zum Aufschrauben brauchen Sie Handschuhe. Sie schützen Sie vor der Verbrühung mit heißem Wasser und fungieren zudem rutschhemmend.

Hinweis:

Nachdem Sie einen Wannensiphon gereinigt und zurück montiert haben, vergewissern Sie sich anschließend (bevorzugt wiederholend), ob die Verschraubung nicht leckt. Legen Sie darunter zur Kontrolle z.B. eine Zeitung auf der Wassertropfen sichtbar wären.

65

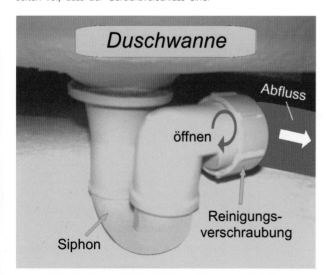

Abb. 29: Geruchsverschluss mit nur einer Verschraubung am Abflussrohr

Abb. 30: Eine Schraube in der Mitte des Duschwannen-Abfluss-Siebes fungiert gleichzeitig als demontierbare Verbindung des Siphons

WC-Abfluss verstopft?

Der Geruchsverschluss hat bei allen WC-Becken die Form eines Röhrensiphons. Die in Abb. 27a zeichnerisch dargestellte Form des Geruchsverschlusses dürfte die Frage erläutern, wo und weshalb sich so ein Geruchsverschluss verstopfen kann. Genau genommen weisen die Formen der Geruchsverschlüsse darauf hin, dass es unter normalen Umständen gar nicht so einfach ist, einen solchen Abfluss zu verstopfen.

Es kommt aber dennoch manchmal vor, und auch hier können Sie der zeichnerischen Darstellung des Abflusses, der zu Ihrem Klosett passt, entnehmen, dass es an sich nicht so schwer ist, eine solche Verstopfung mechanisch zu entfernen.

Dies geht am besten auf die Weise, dass der „Stopfen" mit einem Haken Stück für Stück herausgezogen wird, der z.B. am Ende eines dickeren, aber angemessen biegsamen Drahtes erstellt wird und ähnlich, wie eine Harpune funktionieren sollte. Alternativ kann die Verstopfung in das Fallrohr einfach nur hineingestoßen werden. Diese Lösung setzt jedoch voraus, dass man sich ganz sicher ist, dass die Verstopfung nicht durch einen festen Gegenstand verursacht wurde, der sich im Abflussrohr verklemmt hat und im Schlitz einer Verbindung von zwei Abflussrohren sitzt. In dem Fall würde jedes zusätzliche Drücken oder Stoßen die Verstopfung nur noch verschlimmern. Hier ist dann Ziehen und „Fischen" mit einem Haken angesagt.

Da in den meisten Fällen die Verstopfung eines WC-Abflusses in dem hinteren Bogen des Geruchsverschlusses stattfindet, ist es rein technisch nicht schwierig, der Sache Herr zu werden. Es erleichtert das Vorhaben, wenn Sie sich erst vergewissern, wo bzw. wie weit die Verstopfung sitzt. Das dafür erforderliche „Abtasten der Lage" kann z.B. mit einem Stück Gartenschlauch, mit einem alten Staubsauger-Rohr oder mit einem dicken Ledergürtel u.ä. erfolgen.

Wer für ein derartiges Experimentieren nicht die Geduld hat, der kann einfach sein WC-Becken losschrauben, nachdem vorher evtl. das Spülungs-Fallrohr demontiert wurde (das Letztere ist bei einem wandhängenden Becken nicht erforderlich). Zudem haben wandhängende Becken noch den Vorteil, dass sie nur mit zwei großen Muttern an metrischen Gewindestangen aufgeschraubt sind – was die Demontage erleichtert. Die Dichtungen müssen nach der Montage bei Bedarf ersetzt und/oder an ihrer Umrandung neu einsilikoniert werden.

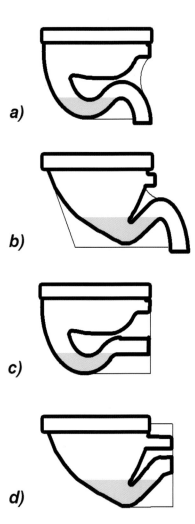

Abb. 31: Die vier Grundformen der Klosett-Becken:
a) Stand-Flachspülklosett
b) Stand-Tiefspülklosett
c) Wand-Flachspülklosett
d) Wand-Tiefspülklosett

Wasch- und Spülbeckenabfluss einstellen

Ein Waschbeckenablauf wird meistens nur dann erneuert, wenn sich der Chrom von seiner oberen Umrandung zu verabschieden beginnt. Ansonsten lassen sich eventuelle kleinere Fehlfunktionen leicht beheben, denn sie bestehen nur darin, dass der Abfluss-Stöpsel entweder in der erforderlichen Position nicht mehr halten will (= zu locker ist) oder dass er in einer seiner Endposition zu hoch oder zu niedrig steht.

Abb. 32: Manchmal will der Abfluss-Stöpsel nicht das tun, was man von ihm erwartet …

Wenn sich mit dem Bedienungsknopf an der Batterie (Abb. 32) der Waschbecken-Abfluss-Stöpsel nicht dazu bringen lassen will, dass er in der vorgesehenen Position zufriedenstellend hält, kann dies sehr einfach behoben werden: unter dem Waschbecken befindet sich an dem Stöpsel-Hebel eine Verschraubung (Überwurfmutter), die einfach nach (Abb. 33) etwas fester zugedreht wird. Wenn sich für diese Aufgabenbewältigung die eigene Hand als zu schwach erweist, muss eine Wasserpumpen-Zange zu Hilfe genommen werden. Wenn diese Zange keine Nylonbacken hat, schützen Sie die

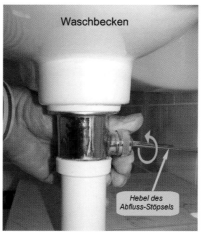

Abb. 33: Durch Zudrehen der Überwurfmutter unter der Waschschüssel kann der Betätigungsknopf des Stöpsels fester eingeklemmt werden

Überwurfmutter mit einem Stück Leder (z.B. mit einem alten Lederriemen) gegen Beschädigungen.

Dass sich der Abfluss-Stöpsel im Laufe der Zeit sozusagen aus eigener Initiative etwas verstellt, kommt ebenfalls vor. Die Abhilfe ist ganz einfach, denn dieser Stöpsel lässt sich aus dem Waschbecken leicht herausnehmen und jederzeit neu einstellen.

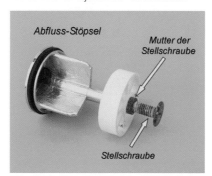

Abb. 34: Für die optimale Einstellung der zwei Endpositionen eines Abfluss-Stöpsels ist seine Stellschraube zuständig

Wie aus der Abb. 34 hervorgeht, handelt es sich bei einem solchen Stöpsel um ein sehr einfaches Bauteil, das mit einer Stellschraube versehen ist. Je nachdem, wie weit diese Stellschraube aus dem Stöpsel herausgedreht wird, sitzt er dann im Waschbecken entweder höher oder tiefer.

Bevor Sie an der Stellschraube zu drehen versuchen, müssen Sie ihre Mutter losdrehen (bevorzugt mit einem Gabelschlüssel – meist Größe 9). Drehen Sie diese Mutter erst dann wieder zu, wenn Sie mit der „Höheneinstellung" des Stöpsels zufrieden sind.

Abb. 35: Waschbecken-Abflüsse sind auch als separate Bauteile erhältlich

Wasch- und Spülbeckenabfluss erneuern

Die Erneuerung des Waschbecken-Abflusses erfolgt manchmal automatisch, wenn dieses Bauteil in der Verpackung einer neuen Batterie beiliegt – was teilweise so gehandhabt wird. Waschbecken-Abflüsse sind aber auch separat erhältlich und meistens insofern kompatibel, dass sie auf alle Waschbecken neuerer Bauweise passen.

Maßabweichungen können sich bei älteren Waschbecken bei den Siphon-Anschlüssen ergeben. Erleichtern Sie sich das Vorhaben dadurch, dass Sie vor dem Kauf eines neuen Waschbecken-Abflusses ihren alten Abfluss demontieren und entweder alles nachmessen oder diesen Abfluss zu dem Händler mitnehmen, der Ihnen mit Rat und Tat behilflich sein kann. Vereinbaren Sie mit ihm beim Kauf eine Umtauschmöglichkeit, falls etwas dennoch nicht passen sollte, und lassen Sie sich darüber aufklären, worauf Sie bei der Montage des neuen Abflusses „besonders" achten sollen.

Erforderliches Werkzeug

a) Schraubendrehen

b) Wasserpumpen-Zange – bevorzugt mit Nylon-Backenauflagen

Benötigte Hilfsmittel:

Armaturenfett

Benötigte Arbeitszeit:

ca. 1 bis 2 Stunden

Die Demotage des alten Waschbecken-Abflusses ist nicht schwierig und geschieht in folgender Reihenfolge:

Abb. 36a: Ausführungsbeispiel eines Waschbecken-Abflusses, dessen oberer Kelch aus Kunststoff ist

Abb. 36b: Ausführungsbeispiel eines Waschbecken-Abflusses, dessen beiden Teile aus Metall sind

Schritt ❶

Überwurfmutter

Schrauben Sie die Überwurfmutter des Abfluss-Stöpsel-Hebels auf und ziehen Sie den Hebel aus dem Waschbecken-Ablauf heraus (er würde Ihnen bei der Demontage des Ablaufs im Wege stehen).

Schritt ❷

Hebel-Stellschrauben

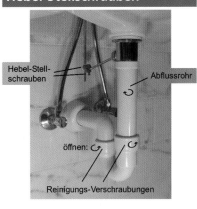

Drehen Sie erst die zwei Reinigungsverschraubungen des Siphons, danach das in der nebenstehenden Abbildung aufgeführte Abflussrohr auf und lösen Sie dann die zwei Hebel-Stellschrauben des Abfluss-Stöpsels.

Wasch- und Spülbeckenabfluss erneuern

Schritt ③

Waschbecken-Ablauf

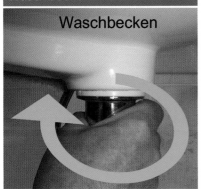

Waschbecken

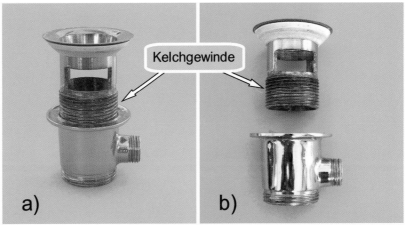

Kelchgewinde

a)   b)

Abb. 37: Das Gewinde eines älteren (zweiteiligen) Abflusses kann oft etwas ineinander verklebt sein: a) Abfluss zusammengeschraubt; b) Abfluss auseinander geschraubt

Drehen Sie den Waschbecken-Ablauf auf (es wird nicht gerade leicht gehen, aber bei etwas Kraftaufwand wird es gelingen).

Das größte Problem beim Losschrauben der zwei Abfluss-Teile besteht darin, dass der obere Teil (Der Kelch) glatt und nicht „ohne weiteres" greifbar ist. Wie aus der nebenstehenden Abbildung 37 hervorgeht, befinden sich in seinem oberen Hals zwei Öffnungen, die das Herausschrauben des Kelches mit Hilfe eines Spezialwerkzeuges erleichtern können. Als eine wirksame Abhilfe hat sich bei einigen der weniger hartnäckigem Schraubverbindungen ein einfacher Holzkeil erwiesen, dessen Kanten mit einer Raspel etwas maßgerecht (und einigermaßen passend) nach Abb. 38 abgerundet wurden. Danach wird der Holzkeil in den Abfluss-Kelch mit der Hand hineingedrückt und anschließend z.B. mit Hilfe einer Klemme gegen den Uhrzeigersinn im Kelch gedreht (=herausgeschraubt).

Hilfreich erweist sich auch ein zusätzliches Nässen des Holzkeiles: er dehnt sich dadurch nach einigen Stunden etwas aus, sitzt danach fester und rutscht in dem Kelch nicht mehr aus. Kombinieren Sie bitte jedoch bei diesem Anliegen Geduld mit Gefühl, denn die Waschschüssel sollte ja diesen Eingriff überleben.

Fertig? Dann ist eigentlich alles ausgestanden. Die Montage des neuen Waschbecken-Ablaufes wird nun ziemlich einfach sein: Sie fangen mit Schritt 3 an, können anschließend zu Schritt 1 übergehen und danach mit Schritt 2 die Montage beenden. Beachten Sie dabei eventuelle zusätzliche Hinweise in der Einbau-Anleitung, die Sie mit dem neuen Ablauf erhalten.

Sollte sich bei der Montage des Siphons herausstellen, dass z.B. das Abflussrohr an den neuen Waschbecken-Ablauf nicht passt – weil es einen anderen Durchmesser hat – kann dies mit einem zusätzlichen Kunststoff-Übergangsstück gelöst werden.

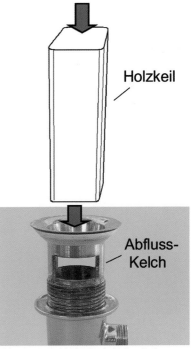

Holzkeil

Abfluss-Kelch

Abb. 38: Wenn sich das Gewinde einer Demontage widerstrebt, kann ein zusätzlicher Holzkeil die Demontage erleichtern

Wand-Mischbatterien (Mischarmaturen) verfügen üblicherweise über keine eigenen Abschlussventile. Vor der Reparatur muss die Wasser-Zuleitung am Haupt-ventil (Absperr-Wasserhahn) der Leitungs-Sektion abgeschlossen werden. Dieses Ventil (Wasserhahn) befindet sich meistens im Keller.

Auch Duschen-Wand-Mischbatterien verfügen meist über keine eigenen Abschlussventile und die Wasser-Zuleitung muss daher ebenfalls an einem Hauptventil der Leitungs-Sektion abgeschlossen werden.

Waschbecken-Mischbatterien – sowie auch alle Waschbecken Batterien anderer Typen – werden in der Regel „abschließbar" über Eckventile installiert, die sich unter den Waschtischen, Waschschüsseln und Küchen-Spülen befinden

Ausführungsbeispiel eines Waschtisch-Anschlusses mit zwei Absperr-Eckventilen (für warmes und kaltes Wasser). Die Waschtisch-Batterie ist an diesen Ventilen mit Klemm-/Schneideverschraubung angeschlossen, die bei Bedarf (beim Auswechseln der Batterie) leicht mit z.B. einem Gabelschlüssel demontiert werden kann.

Erneuerung einer Mischbatterie

Erneuerung einer Mischbatterie

Abb. 39: Wand-Mischbatterien werden an Wasserzuleitungen angeschlossen, die in der Wand installiert sind und üblicherweise über keine eigenen Absperrventile verfügen

Abb. 40: Tisch-Mischbatterien sind an Wasserzuleitungen über eigene Absperrventile angeschlossen, die sich unter dem Waschbecken befinden

Die Erneuerung einer Mischbatterie stellt auch einen absoluten Laien vor keine zu hohen Hürden. Vom Schwierigkeitsgrad her ist es nicht viel komplizierter, als z.B. die Batterie in einer Taschenlampe zu erneuern.

Unter die Bezeichnung „Mischbatterie" fallen eigentlich alle Wasserhähne, die in einem Haushalt warmes und kaltes Wasser aus einem gemeinsamen Wasserhahn liefern. Mischbatterien werden alternativ auch als „Armaturen" bezeichnet, und in Gruppen von Zweigriff- und Einhand-Mischbatterien eingeteilt.

Alle diese „Wasserspender" teilen sich in zwei Hauptgruppen: in **Wand-Mischbatterien** (Abb. 39) und in **„Tisch-Mischbatterien"** (Abb. 40), die überwiegend als **„Einloch-Batterien"** ausgeführt sind und je nach der Vorbestimmung noch in Waschtisch-, Spültisch-, Brause- oder Wannenfüll-Batterien eingeteilt werden.

Wand-Mischbatterie erneuern

Neue Wand-Mischbatterien, die über zwei Anschlüsse (warmes Wasser & kaltes Wasser) verfügen, sind üblicherweise mit zwei Überwurfmuttern (mit Gummidichtungen) ausgelegt, und können einfach wie zwei Flaschenverschlüsse – anstelle ihrer ausgedienten Vorgänger – in die Wand eingeschraubt werden. Genau genommen werden sie nicht „in die Wand", sondern an die zwei aus der Wand herausragenden „S-Anschlüsse" aufgeschraubt. Das einzige, was die Sache etwas kompliziert macht, ist die Notwendigkeit, dass vor so einem Umtausch das Wasser (sowohl das kalte als auch das warme Wasser) abgeschlossen und bis auf die Höhe der betroffenen Armatur aus der Leitung abgelassen werden muss.

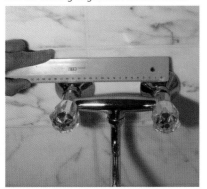

Abb. 41: Tisch-Mischbatterien sind an Wasserzuleitungen über eigene Absperr-ventile angeschlossen, die sich unter dem Waschbecken befinden

Beim Kauf der neuen **Wand-Mischbatterie** muss nur darauf geachtet werden, dass der **Abstand der Anschlüsse** stimmt (Abb. 41) und dass das **Gewinde** der neuen Anschlüsse identisch mit dem Gewinde der alten Anschlüsse ist (Abb. 42).

Abb. 42: Messen des Gewinde-Durchmessers eines „S-Anschlusses"

Wandanschlüsse (Deckenwinkel)

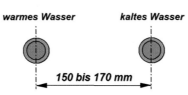

Abb. 43: Die Bezeichnung „Stichmaß" bezieht sich auf den vorgesehenen Abstand der bestehenden Wasseranschlüsse „von Lochmitte zu Lochmitte"

Der **Abstand der Anschlüsse** (das sogenannte **„Stichmaß"**) wird bei den meisten handelsüblichen Batterien als **„130 bis 170 mm"** angegeben. Darunter ist zu verstehen, dass die bestehenden Wasseranschlüsse in der Mauer einen Abstand von mindestens 130 mm und höchstens 170 mm haben dürften – wie Abb. 43 zeigt. Der tatsächliche Montageabstand der meisten Batterien beträgt 150 mm. Mit Hilfe von zusätzlichen „S-Anschlüssen" (auf die wir noch zurückkommen) kann eine solche Armatur auf Wasserzuleitungen montiert wer-den, die in dem Bereich zwischen den aufgeführten 130 und 170 mm liegen. Dies setzt jedoch voraus, dass sich die „S-Anschlüsse" um ihre Achse drehen lassen – was nicht unbedingt zutreffen muss, wenn sie z.B. in zu kleinen Öffnungen in Fliesen fest sitzen und kaum noch gedreht werden können.

Bemerkung: Manche Wandbatterien herkömmlicher Bauweise sind mit einem kleineren Montageabstand (von z.B. 75 mm) ausgeführt. Bei denen bewegt sich das „Stichmaß" jeweils um ca. ± 20 mm in beiden Richtungen von dem Montageabstand – vorausgesetzt, es werden S-Anschlüsse angewendet, die diesen Spielraum ermöglichen.

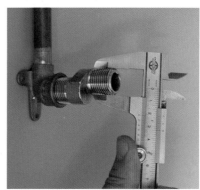

Abb. 44: Der Durchmesser eines (beliebigen) Außengewindes kann am schnellsten mit einem Messschieber nachgemessen werden

Mit der **passenden Gewindegröße** ist es relativ einfach, denn diese ist bei handelsüblichen Mischbatterien meistens als **1/2 Zoll**, (1/2") gelegentlich auch noch als **3/4 Zoll** (3/4") ausgelegt.

Wand-Mischbatterie erneuern

Abb. 45: Auch das Innengewinde der „Überwurf-mutter" einer neuen Mischbatterie kann am bequemsten und am genauesten mit einem Mess-schieber nachgemessen werden

Außengewinde

3/8 Zoll	= 16,6 mm
1/2 Zoll	= 20,5 mm
3/4 Zoll	= 26,0 mm
1 Zoll	= 33,0 mm
1 1/4 Zoll	= 41,2 mm
1 1/2 Zoll	= 48,0 mm

Innengewinde

3/8 Zoll	= 15,0 mm
1/2 Zoll	= 18,7 mm
3/4 Zoll	= 24,0 mm
1 Zoll	= 30,5 mm
1 1/4 Zoll	= 39,0 mm
1 1/2 Zoll	= 45,5 mm

Wichtiger Hinweis:

Die Zoll-Maße, die in der Sanitär- und Heizungsbau-Branche bei Installationsmaterialien und Leitungsrohren als „Standardmaße" angegeben und gehandhabt werden, dürfen Sie nicht tabellarisch auf die Gewinde-Durchmesser umrechnen, wie es beim metrischen Gewinde üblich ist. Bei den „Sanitär-Zollmaßen" handelt es sich nämlich um „Scheinmaße" die sich nicht auf den Außendurchmesser des eigentlichen Gewindes, sondern auf einen imaginären Innen-Durchmesser eines imaginären Rohres beziehen, das irgendwann im Mittelalter als Referenz „für das Maß der Dinge" galt.

Wenn Sie bei einem Außengewinde mit einem Messschieber (mit einer Schieblehre) einen **Außendurchmesser von ca. 20,5 mm** ermitteln, dann handelt es sich **in der Sanitär- und Heizungsbau-Branche** um ein **1/2-Zoll-Gewinde** – obwohl theoretisch 1/2 Zoll exakt 12,7 mm entsprechen müsste (1" = 25,4 mm). Ein **3/4-Zoll-Außengewinde** hat in der Sanitärbranche einen **Außendurchmesser von ca. 26 mm** usw.

Wer aus einer anderen technischen Branche kommt, wird hier verständlicherweise durch diese Umrechnungen etwas irritiert sein. Die Sanitärbranche kann jedoch aus diesem „historisch bedingten Schlammassel" der verstümmelten Zollmaß-Umrechnungen nicht so leicht aussteigen und daher müssen wir alle damit leben lernen, dass auch hier nichts so ist, wie es scheint. Das betrifft in unserem Fall auch den **Innendurchmesser** der Zoll-Gewinde: ein **1/2-Zoll-Innengewinde** hat einen **Innendurchmesser von ca. 18,7 mm** und ein **3/4-Zoll-Innengewinde** hat einen **Innendurchmesser von ca. 24 mm**. Die hier angegebenen Durchmesser weisen in der Praxis kleinere Abweichungen auf, die davon abhängen, wie perfekt und glatt das eine oder andere Gewinde geschnitten wurde.

Der nebenstehenden Tabelle können Sie entnehmen, wie sich ein in Millimetern ermittelter Durchmesser auf die „Sanitär-Zollmaße" umrechnen lässt:

Da bei den Batterie-Anschlüssen eventuelle andere Zwischengrößen nicht üblich sind, können Sie auch nur mit einem Maßband oder Lineal leicht nachmessen, welchen von den in Frage kommenden Durchmessern Ihr Gewinde hat bzw. das Gewinde der Neuanschaffung haben sollte. Mit einem Messschieber (Schieblehre) lassen sich allerdings die Gewinde-Durchmesser leichter und genauer messen – insbesondere an

schlechter zugänglichen Stellen. Was bei so einem Vorhaben noch gemessen wird, zeigen wir an konkreten Beispielen.

Die in der Wand vorhandenen Deckenwinkel (Abb. 46) bzw. auch andere Arten von Wasserzuleitungs-Anschlüssen haben in der Regel ein 1/2-Zoll- oder ein 3/4-Zoll-Innengewinde. In diesem Gewinde sind oft bereits zusätzliche **S-Anschlüsse** (Abb. 47) eingeschraubt, an denen die alte Wandarmatur festgeschraubt war. Diese S-Anschlüsse, sowie auch die dazu gehörenden Rosetten (Abb. 48) liegen üblicherweise der neuen Batterie bei.

Wand-Mischbatterie erneuern

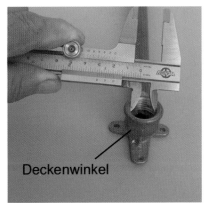

Abb. 46: Auf das Innengewinde eines solchen Anschluss-Deckenwinkels muss die neue Wandarmatur über zusätzliche S-Anschlüsse angeschlossen werden, insofern diese S-Anschlüsse in dem Deckenwinkel nicht bereits montiert sind

Abb. 47: Ausführungsbeispiel von handelsüblichen S-Anschlüssen

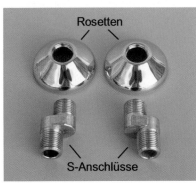

Abb. 48: Mit den meisten neuen Batterien werden als Standard-Zubehör auch die Lötanschlüsse und Rosetten mitgeliefert

Diese Anschlüsse ermöglichen eine Korrektur der Maßabweichung um bis zu ± 2 cm. Sie können mit einem Gabelschlüssel nach Abb. 49 durch Drehen so eingestellt werden, dass sowohl der Abstand als auch die waagrechte Ausrichtung perfekt auf die neue Batterie abgestimmt werden kann.

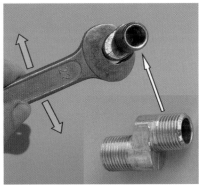

Abb. 49: S-Anschlüsse können mit einem Gabelschlüssel durch Drehen optimal eingestellt werden

Erforderliches Werkzeug

a) Passende Gabelschlüssel

b) Kleine Eisensäge
(mit dünnen Sägeblatt)

c) Flache Feile

Benötigte Hilfsmittel:

a) Dichtungs-Hanf
b) Gewinde-Dichtungspaste

Benötigte Arbeitszeit:

ca. 1 bis 2 Stunden

Soweit zu der allgemeinen Vorinformation. Nun gehen wir zu einer praktischen „Umbau-Anleitung" über, die nicht viel schwieriger ist, als wenn man mit einem Spielzeug-Baukasten etwas ziemlich Einfaches zusammenbauen soll. Bei unserem „Projekt" wird zwar etwas mehr die Muskelkraft beansprucht, aber ansonsten bleibt das Ganze dennoch ein Kinderspiel:

Wand-Mischbatterie erneuern

Schritt ❶
Wasser abschließen

Drehen sie die Warm- und Kaltwasser-Zuleitung am Haupt-Absperrventil am Wasserzähler oder in der Steigleitung (falls da ein Absperrventil vorhanden ist) ab. Drehen Sie anschließend beide Wasserhähne der Batterie auf und lassen das Wasser, das sich in den höher liegenden Leitungen befindet, ablaufen.

Schritt ❷
Batterie demontieren

Schrauben Sie mit einem passenden Gabelschlüssel die zwei Überwurfmuttern

los, die die bestehende Batterie mit der Wasser-Zuleitung verbinden. Drehen sie anschließend mit der Hand auch die zwei Rosetten von der Verschraubung ab (die werden ja auch ersetzt). Wenn Sie die bestehenden S-Anschlüsse nicht erneuern möchten, springen Sie zu Schritt 6. Andernfalls folgen Sie den Anweisungen in Schritt 3 bis 5.

Schritt ❸
S-Anschlüsse

Neue S-Anschlüsse dürfen in das Gewinde der Wasserzuleitung (in der Wand) nur mit einer zusätzlichen Hanf-Dichtung eingeschraubt werden. Die beiden Gewinde der S-Anschlüsse sind meistens ziemlich

glatt. Um zu verhindern, dass der anschließend aufgewickelte Dichtungshanf von dem Gewinde beim Einschrauben herabrutscht, sollten Sie das Gewinde des S-Anschlusses an der „Wandanschluss-Seite" vorher etwas anrauhen (ankratzen). Die Vertiefungen im Gewinde lassen sich am besten mit einem kleinen Eisensägeblatt etwas anrauhen, und an der Oberfläche kann das Gewinde mit einer Feile angerauht werden. Achten Sie dabei darauf, dass Sie den Hanf um das Gewinde des S-Anschlusses wickeln, dessen Umrandung eine schmalere Fläche hat, denn die andere Seite des S-Stücks ist für eine Gummidichtung vorgesehen und das „Rohrende" ist hier sichtbar breiter und hat eine glattere (geschliffene) Oberfläche.

Schritt ❹
Hanf-Dichtung

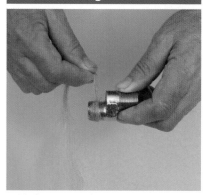

Wickeln Sie um das Gewinde des S-Anschlusses, das in den Wand-Deckenwinkel eingeschraubt wird, den Dichtungs-Hanf. Fangen Sie an der äußeren Seite des Gewindes an und wickeln Sie ungefähr so viel Hanf auf, dass er gewissermaßen nur die Rillen füllt.

Wichtig:

Anstelle des Hanfes darf für diese „Wandanschluss-Dichtung" nicht ein Nylon-Dichtungsband verwendet werden, denn das eignet sich nur für Verbindungen, an denen im Nachhinein nicht mehr gedreht wird – andernfalls reißt es und dichtet danach nicht mehr gut.

Schritt 5
Gewinde-Dichtungspaste

Schmieren Sie das mit Hanf umwickelte Gewinde mit einer handelsüblichen Gewinde-Dichtungspaste vollflächig und glättend ein. Drehen Sie danach die beiden S-Anschlussstücke in die Wand-Anschlüsse vorsichtig ein und achten darauf, dass dabei die Hanf Dichtung nicht von dem Anschlussstück abrutscht und herausgedrückt wird. Geschieht dies dennoch, weist es darauf hin, dass Sie zu viel Hanf verwendet haben. Kein Problem: Sie

versuchen es einfach nochmals (Übung macht den Meister)

Schritt 6
Batterie montieren

Schließen Sie die neue Batterie erst probeweise ohne Rosetten an die S-Anschlüsse an und richten Sie die S-Anschlüsse mit einem Gabelschlüssel so aus, dass der Abstand der Anschlüsse genau eingestellt ist und dass dabei auch die Batterie exakt waagerecht sitzt. Eine Kontrolle mit der Wasserwaage sollte dabei unbedingt vorgenommen werden.

Montieren Sie anschließend die Batterie wieder ab, drehen Sie nun die neuen Rosetten auf die S-Anschlüsse auf, an denen die alten Rosetten saßen. Jetzt kann die neue Batterie definitiv montiert werden – allerdings ohne dass auf die „Außenseiten" der S-Anschlüsse eine Hanf-Dichtung angebracht wird, denn in den Überwurf-Muttern der neuen Batterie sind Gummidichtungen angebracht. Achten Sie aber bereits beim Kauf darauf, dass die neuen Dichtungen in der Batterie

auch tatsächlich noch vorhanden sind (sie werden vor allem in den Baumärkten mit Vorliebe geklaut). Drehen Sie die Überwurfmuttern der neuen Batterie erst mit der Hand, danach mit einem passenden Gabelschlüssel fest. Der Spielraum zwischen der Öffnung des Gabelschlüssels und der Überwurfmutter ist meistens groß genug, um dazwischen einen Streifen von einer stärkeren Plastikverpackung hineinzulegen, die die verchromte Überwurfmutter vor Bekratzung und vor Druckstellen schützt.

Wenn alles fertig ist, können Sie die Wasser-Zuleitungen aufdrehen und kontrollieren, ob alles perfekt dichtet. Wenn nicht, ist es auch kein Problem, denn nicht alles gelingt im Leben auf Anhieb. Einen zweiten Versuch muss – vor allem bei Hanf-Dichtungen – manchmal auch ein Profi in Kauf nehmen.

Waschtisch-& Spültisch-Mischbatterie erneuern

Bei der Erneuerung einer **Tisch-Batterie** (Stand-Batterie) kommt es eigentlich nur darauf an, dass die neue Batterie in das bestehende „Einbauloch" passt.

Ansonsten ist so eine Batterie-Erneuerung bei etwas Glück ein Kinderspiel: Die eigentliche Demontage besteht in der Regel nur aus dem Abschrauben der zwei Wasser-Zuleitungsrohre (oder Schläuche) von den Eckventilen und dem Lösen der Mutter (Gewindestutzen-Mutter), mit der die Batterie am Wasch- oder Spülbecken befestigt ist.

In manchen Fällen kann so eine Batterie zwar mit einer oder zwei Schrauben und Muttern an dem Waschbecken befestigt sein, aber dadurch wird der Arbeitsaufwand auch nicht größer, denn zwei kleinere Muttern lassen sich oft leichter auf- und zuschrauben als eine große. Die Demontage

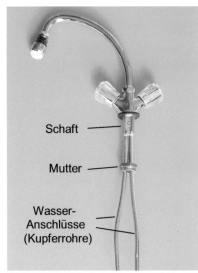

Abb. 50: Ausführungsbeispiel einer Spültisch-Batterie mit Schaftverschraubung und kupfernen Anschlussrohren

und Montage der großen Gewindestutzen-Mutter (Standhahn-Mutter) wird in der Sanitärbranche mit einem Spezialschlüssel bewerkstelligt, der als Standhahnmutter-Schlüssel bezeichnet wird. Ein solcher Schlüssel kann Ihnen die Arbeit unter Umständen sehr erleichtern, aber meistens kommt man auch mit einem passenden Gabelschlüssel (oder notfalls mit einer Wasserpumpenzange) gut zurecht. Bei etwas Glück können Sie sich jedoch so einen Standhahnmutter-Schlüssel bei dem örtlichen Klempner oder in einem Fachgeschäft ausleihen.

Der Handel führt eine große Auswahl an Waschtisch-, Spültisch-, Wannenfüll- und Brause-Batterien, aus denen Sie sich die passende aussuchen können. Achten Sie dabei auf folgende zwei wichtige Unterschiede in der Bauweise:

- Die Art der Befestigung der Batterie
- Die Ausführung der Wasserzuleitungs-Anschlüsse

Die Art der Befestigung einer Batterie ist typenabhängig durch ihre Konstruktion bestimmt. Die meisten Batterien herkömmlicher Bauweise sind mit einem Anschluss-Schaft mit Gewinde nach Abb. 50 ausgeführt und haben als Wasserzuleitungs-Anschlüsse verchromte Kupferrohre, die sich leicht biegen und schneiden lassen.

Beim Kauf einer solchen Batterie ist darauf zu achten, dass der Durchmesser des Gewindes der neuen Batterie mit dem alten Gewindedurchmesser übereinkommt (Abb. 51). Dies ist vor allem bei Batterien erforderlich, die in keramische Becken eingebaut

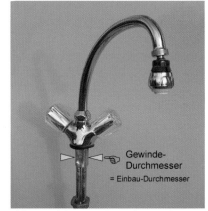

Abb. 51: Auf den passenden Durchmesser des Schaft-Gewindes ist beim Kauf einer neuen Batterie zu achten

werden. Bei Küchen- oder Gewächshaus-Spülen, die in hölzernen Tischplatten eingebaut sind, kann bei Bedarf das Loch mit einer Raspel vergrößert bzw. mit zusätzlichen Einlagen etwas verkleinert werden.

Viele der moderneren Mischbatterien haben anstelle eines Anschluss-Schaftes nur eine dünnere Montage-Schraube, die z.B. nach Abb. 52 als eine kurze Gewindestange ausgeführt ist und mit Muttern und Unterleg-Formscheiben am Wasch- oder Spülbecken befestigt wird.

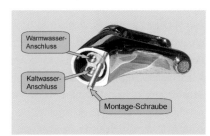

Abb. 52: Moderne Mischbatterien werden oft nur mit einer dünneren Montage-Schraube am Waschbecken befestigt

Waschtisch-& Spültisch-Mischbatterie erneuern

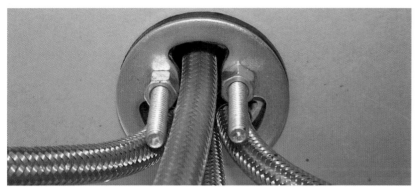

Abb. 53: Ausführungsbeispiel einer Mischbatterie, die an einem Spülbecken-Tisch mit zwei Schraubverbindungen befestigt ist

Einige dieser Mischbatterien sind nach Abb. 53 sogar mit zwei Montage-Schrauben ausgelegt, die einer stabileren Befestigung dienen. Aus der Anordnung der flexiblen Wasserschläuche geht bei diesem Beispiel hervor, dass diese Mischbatterie mit einer Geschirrwaschbrause ausgelegt ist: zwei der Wasserschläuche dienen der normalen Kalt- und Warmwasser-Zuleitung und der dritte Schlauch – der hier eine Schleife bildet – geht aus der Kartusche der Batterie zu der Geschirrwaschbrause, die in der Armatur anstelle eines normalen „Wasserhahnes" herausziehbar eingesteckt ist.

Mischbatterien, die mit „Zwei-Schrauben-Befestigungen" versehen sind, haben den Nachteil, dass sie eine größere Durchgangsöffnung benötigen als sie die meisten Porzellan-Spülbecken haben. In einer Küchenarbeitsplatte oder Gewächshaus-Arbeitsplatte kann jedoch die erforderliche Durchgangsöffnung leicht an so eine Mischbatterie angepasst werden.

Generell lassen sich alle Mischbatterien ziemlich leicht erneuern:

Erforderliches Werkzeug

a) Passende Gabelschlüssel

b) Wasserpumpen-Zange – bevorzugt mit Nylon-Backenauflagen

Benötigte Hilfsmittel:

Armaturenfett

Benötigte Arbeitszeit:

ca. 2 bis 4 Stunden

Eckventil schließen

Drehen sie die Warm- und Kaltwasser-Zuleitung an den Eckventilen unter dem Wasch- oder Spülbecken zu.

Schritt ❷

Skizze erstellen

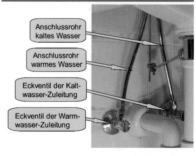

Anschlussrohr kaltes Wasser

Anschlussrohr warmes Wasser

Eckventil der Kaltwasser-Zuleitung

Eckventil der Warmwasser-Zuleitung

Sehen Sie sich gut an, wie die bestehenden Anschlüsse angelegt und angeordnet sind. Wenn Sie im Hause keinen ähnlichen Anschluss zum eventuellen späteren Vergleich haben, fertigen Sie sich eine einfache Skizze an – oder machen Sie mit einer Digitalkamera ein Foto von der Anordnung der Anschlüsse. Was Ihnen momentan deutlich vorkommt, könnte sich bei der Montage als eines von den Dingen herausstellen, bei denen man sich fragt „wie war das denn wieder?"

Schritt ③
Schaftverschraubung

Mutter vom Schaft losschrauben

Wasser-
Zuleitungen

Drehen sie die Mutter der Schaftverschraubung mit einem passenden Gabelschlüssel oder mit einer Wasserpumpen-Zange aus der Verschraubung voll heraus. Sie wird vorerst an den Wasserzuleitungs-Rohren hängen bleiben und erst beim Zurechtbiegen der Rohre „herabrutschen". Die Demontage einer Schaftverschraubung – bzw. das Lösen ihrer großen Mutter – dürfte als der schwierigste Teil der ganzen Arbeit bezeichnet werden: man muss dabei meistens in einer sehr unbequemen Position arbeiten und hat zudem nur wenig Platz für einen Gabelschlüssel oder eine Wasserpumpen-Zange, um die große Mutter von dem Gewinde eines Anschluss-Schaftes herausdrehen zu können. Beruhigend ist dabei die Tatsache, dass es sich bei dieser „Quälerei" nur um ein kurzes Losdrehen der Mutter handelt:

ca. eine halbe Drehung genügt und der Rest lässt sich danach leicht mit den Fingern bewältigen.

Schritt ④
Eckventile-Verschraubung

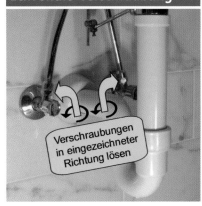

Verschraubungen in eingezeichneter Richtung lösen

Lösen Sie die Verschraubung an den Eckventilen. Dies geht am besten mit einem Gabelschlüssel (meist Größe ca. 19 mm), anschließend mit den Fingern. Ziehen Sie dann die Mutter und die Dichtung (bzw. die Dichtungsringe) von den „alten" Zulaufrohren ab. Biegen Sie danach die Zulaufrohre so zu, dass sich die ganze Batterie aus dem Becken herausnehmen lässt. Alles klar? Jetzt stellt sich als nächstes die Frage, ob die Anschlüsse der neuen Batterie als flexible Schläuche oder als feste (verchromte) Kupferrohre ausgeführt sind.

Wenn die neue Mischbatterie flexible Anschlussschläuche hat, ist die Montage im Handumdrehen fertig: Die Armatur wird am Wasch- oder Spülbecken nach der in ihrer Verpackung beiliegenden Einbau-

Anleitung montiert. Sie brauchen dabei nur darauf zu achten, dass Sie die Dichtungen der Batterie-Verschraubung in der richtigen Reihenfolge (= eine auf und eine unter dem Becken bzw. unter der Küchen-Arbeitsplatte) anbringen. Die flexi-

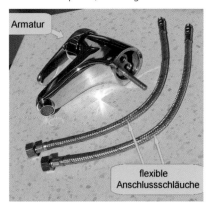

Armatur

flexible
Anschlussschläuche

blen Anschluss-Schläuche sind bereits „einbaufertig" und werden einfach an die Batterie und an die bestehenden Eckventile angeschraubt. Damit ist die Installation der neuen Armatur fertig (die noch folgenden Schritte 5 bis 7 brauchen Sie nicht zu beachten).

Schritt ⑤
Zuleitungsrohre kürzen

Wie Sie bereits bei der Demontage der alten Batterie feststellen konnten, lassen sich die Batterie-Zuleitungsrohre leicht mit der Hand biegen. Auch die Zuleitungsrohre der neuen Mischbatterie können somit optimal so ausgerichtet werden, dass sie genau auf die Eckventile passen. Achten Sie jedoch beim Biegen darauf, dass die

Rohre nicht so sehr verbogen werden, dass dabei ein Knick entsteht.

Die Kupferrohr-Anschlüsse sind an neuen Mischbatterien üblicherweise lang genug, um die Verbindung zu den Eckventilen herstellen zu können. Sie müssen jedoch maßgerecht so gekürzt werden, dass sie in die bestehenden Eckventile ca. 8 mm tief hineinreichen. Sehen Sie sich bei der Demontage der alten Batterie genau an, wie tief die bestehenden kupfernen Anschlussrohre in die Eckventile eingesteckt werden können und kürzen Sie danach dementsprechend die Anschlussrohre der neuen Batterie mit einer Metallsäge. Mit einem Permanent-Filzstift zeichnen Sie vorher auf den Rohren ab, wo sie abgeschnitten werden sollen.

Bemerkung: Anstelle einer Metallsäge können diese Kupferrohre auch mit einem Rohrabschneider gekürzt werden. Da sie jedoch sehr weich sind, drückt sie der Rohrabschneider um die Schnittstelle zu sehr zusammen – was nachher mit einer runden Feile wieder ziemlich arbeitsintensiv behoben (entgratet) werden muss. Sehen Sie sich bitte die nebenstehende Abbildung gut an: das Kupferrohr ist hier nicht in den Schraubstock eingeklemmt, sondern liegt nur frei in dem Schlitz zwischen seinen Backen (ein Tuch schützt es dabei vor Kratzern).

Schritt 6
Schnittstelle glätten

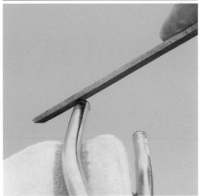

Mit einer flachen Feile wird die Schnittstelle am Rohr begradigt und die äußere Umrandung wird entgratet (entschärft und geglättet), damit die Dichtung des Verschlusses nicht beschädigt wird.

Mit einer kleinen halbrunden oder runden Feile entgraten Sie anschließend das Rohrende innen. Halten Sie dabei das Rohrende nach unten, damit die Kupferspäne nicht im Rohr bleiben bzw. in die Armatur hineinfallen. Der feine Rest der Kupferspäne, die noch an den Innenwänden des Rohres haften bleiben, sollten vorsichtig mit einem Kosmetik-Wattestäbchen entfernt werden.

Die anschließende Montage stellt nur eine Wiederholung der Vorgänge dar, die bereits bei der Demontage der alten Mischbatterie vorgenommen wurden.

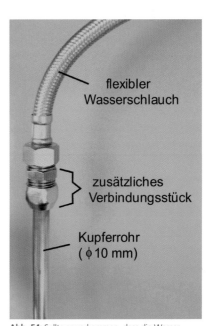

flexibler Wasserschlauch

zusätzliches Verbindungsstück

Kupferrohr (ϕ 10 mm)

Abb. 54: Sollte es vorkommen, dass die Wasseranschluss-Rohre zu kurz sind (bzw. durch ein versehentlich zu „großzügiges" Abschneiden zu kurz geworden sind), kein Problem! Es gibt eine große Auswahl an verschiedenen flexiblen Verlängerungsrohren mit Quetschverschraubungen, mit denen das bestehende Anschlussrohr oder auch ein bestehender flexibler Anschlussschlauch verlängert werden können. Unsere nebenstehende Abbildung zeigt eine kleine handelsübliche Verschraubungs-Klemme, die an einer Seite (auf dem Foto an der unteren Seite) eine Quetschverschraubung für ein Kupferrohr (Ø 10 mm) und an der anderen Seite eine Verschraubung für den Schlauchanschluss hat.

Wanneneinfüll- und Brause-Mischbatterien

Wanneneinfüll- und Brause-Mischbatterien unterscheiden sich in Hinsicht auf ihre Reparaturen oder Montage meistens nur unerheblich von den bereits behandelten Wasch- und Spülbecken-Mischbatterien. Bei der Wartung oder auch bei einem Umbau können Sie sich daher an dem orientieren, was in diesem Buch bereits im Zusammenhang mit den Wasch- und Spülbecken-Mischbatterien erklärt wurde.

Wie bei allen anderen Produkten auch, erscheinen auf dem Markt auch bei den Mischbatterien ständig neue Typen, die manchmal etwas von dem abweichen werden, was wir hier beschrieben haben. Da es sich bei diesen Produkten die Hersteller jedoch zur Gewohnheit gemacht haben, dass sie mit jeder Mischbatterie eine leicht verständliche Einbau-Anleitung mitliefern, dürfte es Ihnen nicht schwer fallen, mit jedem derartigen „Projekt" problemlos fertig zu werden (vor allem dann, wenn Sie sich in diesem Buch ausreichende Vorinformationen über diese Themen zusammengesucht haben).

Der Schwierigkeitsgrad hängt bei der Erneuerung einer Wannenfüll-Batterie vor allem davon ab, wie schwer zugänglich die unteren Verschraubungen sind. In unserem Beispiel aus Abb. 55a besteht die Wannen-Batterie aus mehreren selbstständigen Elementen, was zur Folge hat, dass die Anzahl der Verschraubungen und Schlauchverbindungen „unter der Oberfläche" entsprechend groß ist. Zudem muss in dem Montage-Hohlraum auch noch Platz übrig bleiben für den (vergoldeten) Brauseschlauch, der bei Bedarf jeweils mit der Handbrause herausgezogen wird. Die metallisch geflochtene Ummantelung des in diesem Raum (auf dem Foto) daneben hängenden Wasseranschluss-Schlauchs wurde mit einem PVC-Band umwickelt, damit sich an ihr der vergoldete Brauseschlauch nicht im Laufe der Zeit „abschleift" bzw. dass er beim Herausziehen nicht raschelt.

Abb. 55a: Eine Wannenfüll- und Brause-Mischbatterie – Ansicht von oben

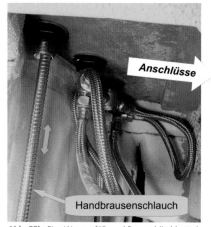

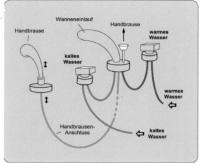

Abb. 55b: Eine Wannenfüll- und Brause-Mischbatterie – Ansicht von unten (im Hohlraum neben der Badewanne)

Einfache Installationen

Einfache Installationen

Installationsarbeiten sind im Grunde genommen alle einfach – wenn man weiß, wie man sie durchführt. Und es ist von großem Vorteil, wenn bei einer Bad-, Küchen- oder Waschraum-Renovierung die neuen Anschlüsse einfach genau dort installiert werden können, wo man sie gerne haben möchte. Auch bei dem Anlegen einer Wasser-Zuleitung zum Gartenweiher oder zu einem Wasserhahn für den Gartenschlauch-Anschluss beansprucht eine eigenhändig angelegte Wasserleitung nicht allzu viel Zeit und auch nicht allzu hohe Kosten.

Am einfachsten ist die Installation einer Kaltwasser-Leitung, denn diese besteht nur aus einer Ein-Rohr Zuleitung (Abb. 56) zu einem Wasserhahn, die im Hausinneren nicht einmal wärmeisoliert zu sein braucht. Das trifft auch auf normale Garten-Wasserleitungen zu, denn aus denen wird während der Wintermonate das Wasser sowieso abgelassen, andernfalls ist ein Rohrbruch vorprogrammiert (was bereits zutreffen kann, wenn die Temperatur nachts auch nur leicht unter Null sinkt).

Ein zusätzlicher Anschluss einer Mischbatterie ist dadurch etwas aufwändiger, dass für die Warmwasser-Zuleitung eine zusätzliche Schleife in den bestehenden Warmwasser-Kreislauf (nach Abb. 56) integriert werden muss – bzw. integriert werden sollte, falls die Zuleitung zum „Wasserhahn" länger als ca. 1 m ist. Was darunter zu verstehen ist, erläutert der Vergleich von Abb. 56 mit Abb. 57.

Etwas länger darf unter Umständen eine Ein-Rohr-Zuleitung für das Warmwasser

sein, wenn es bei der vorhergesehenen Anwendung nicht störend ist, dass aus dem Warmwasser-Hahn erst spürbar lange kaltes Wasser herausfließt, bevor warmes Wasser kommt. Zumutbar ist eine solche Lösung z.B. bei einer Wannenfüll-Batterie oder bei einem Spülbecken im Keller, das vor allem für das Einlassen von warmem Putzwasser in einen Eimer dienen soll.

Abgesehen davon, dass die Warmwas-

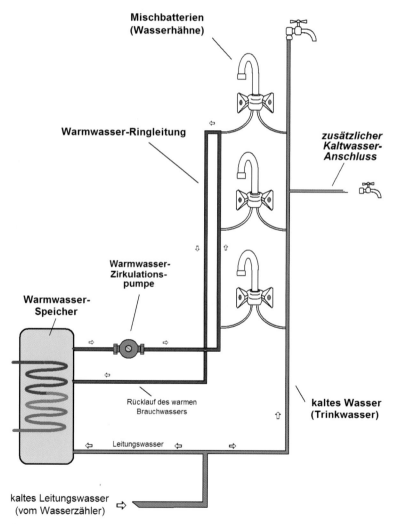

Mischbatterien (Wasserhähne)

Warmwasser-Ringleitung

zusätzlicher Kaltwasser-Anschluss

Warmwasser-Zirkulationspumpe

Warmwasser-Speicher

Rücklauf des warmen Brauchwassers

kaltes Wasser (Trinkwasser)

Leitungswasser

kaltes Leitungswasser (vom Wasserzähler)

Abb. 56: Der Anschluss einer zusätzlichen Kaltwasser-Leitung ist einfach, da er an beliebiger Stelle der bestehenden Leitung angezapft werden kann

Einfache Installationen

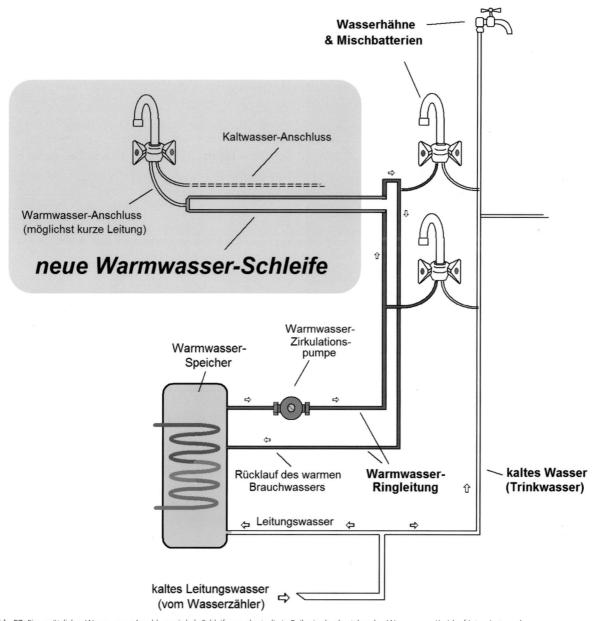

Wasserhähne & Mischbatterien

Kaltwasser-Anschluss

Warmwasser-Anschluss
(möglichst kurze Leitung)

neue Warmwasser-Schleife

Warmwasser-
Speicher

Warmwasser-
Zirkulations-
pumpe

Rücklauf des warmen
Brauchwassers

**Warmwasser-
Ringleitung**

kaltes Wasser
(Trinkwasser)

Leitungswasser

kaltes Leitungswasser
(vom Wasserzähler)

Abb. 57: Ein zusätzlicher Warmwasser-Anschluss wird als Schleife angelegt, die in Reihe in den bestehenden Warmwasser-Kreislauf integriert werden muss

ser-Leitung als eine Schleife angelegt werden muss, ist es wichtig, dass diese Schleife auch optimal wärmeisoliert wird, da sich ansonsten das laufend zirkulierende Warmwasser zu sehr abkühlen würde.

Leitungen, die in den Mauern eingeputzt werden, benötigen zudem auch eine ausreichend weiche Ummantelung, die vor allem bei Warmwasser-Leitungen größere Ausdehnungen abfangen kann. Auch Kalt-

wasser-Leitungen unterliegen je nach Jahreszeit einer gewissen Ausdehnung, da z.B. im Sommer das Trinkwasser wesentlich wärmer ist, als im Winter.

Einfache Installationen

Abb. 58: Mit Hilfe von verschiedenen handelsüblichen Lötfittings können Kupfer-rohr-Leitungen zueindrucksvollen „Kunstwerken" verlötet werden

Abb. 59: Biegen der Kupferrohre erübrigt sich, denn kleine 90°- oder 45°-Kupfer-Bögen sind als Lötfittings in allen passenden Durchmessern erhältlich (Leitungsrohre sind noch provisorisch befestigt)

Theoretisch hängt die Ausdehnung einer Rohrleitung von dem Dehnungskoeffizient des Rohrleitungs-Materiales ab. Damit braucht man sich jedoch in der Praxis das Leben nicht zu verkomplizieren: es genügt, wenn bei einer Kaltwasser-Leitung ein Dehnungs-Spielraum von etwa 1 mm pro 5 Meter und bei einer Warmwasser-Leitung von etwa 2 mm pro 5 Meter gelassen wird. Den Warmwasser-Leitungen ermöglicht jedoch ohnehin die dicke und in der Regel weiche Wär-meisolierung eine ausreichende Bewegungsfreiheit. Wichtig ist nur, dass diese Bewegungsfreiheit bei eventuellen Mauer- oder Decken-durchgängen nicht gerade dort eingeschränkt wird, wo sie am wich-tigsten ist, aber wo man sie den Leitungsrohren meistens nur mit viel Mühe verschaffen kann – wie z.B. bei Bohrungen in Stahlbeton-Decken.

Wasserleitungen werden wahlweise mit Kupfer-, Stahl- (Eisen-) oder Kunststoffrohren, sowie auch mit diversen, mit speziellem Kunststoff ummantelten Aluminiumrohren ausgelegt. Für den Selbstbau eignen sich Kupferrohre am besten. Keine Angst, sie sind nicht teuer und können leicht mit einer preiswerten Hobby-Lötlampe zu beliebigen Längen und Formen zusammengelötet werden – wie

die Abb. 58/59 zeigen (bei diesen Abbildungen handelt es sich um Sanitär- und Heizungsleitungen „im Rohbau").

Alternativ gibt es auch diverse Klemmring- oder Schneidring-Verschraubungen, die wir bereits im Zusammenhang mit Eckventilen und Batterie-Anschlüssen erwähnt haben. Solche – oder auch an-ders ausgelegte spezielle Verbindungsstücke gibt es in großer Aus-wahl auch für Verbindungen, die z.B. an einer Seite gelötet und an der anderen Seite geschraubt werden (darauf kommen wir noch zu-rück).

Für die Erstellung von Kupferrohr-Leitungen gibt es jedenfalls ei-ne große Auswahl an passenden Standard-Verbindungsstücken (worunter Lötfittings), die auch einem unerfahrenen Einsteiger die Arbeit erleichtern. Und falls irgendein Teil der gerade erstellten Lei-tung nicht den Erwartungen entspricht, kein Problem, denn alles lässt sich bei Bedarf wieder auseinanderlöten oder auseinander-schrauben und nochmals (und besser) machen.

Abfluss einer Wasch- oder Geschirrspülmaschine richtig anschließen

Sowohl die Waschmaschine als auch die Geschirrspülmaschine benötigen einen Wasseranschluss und einen Abwasseranschluss. Der Wasseranschluss ist üblicherweise als ein abschließbarer Wandanschluss bzw. als Wasserhahn ausgeführt und für den Abwasseranschluss ist meistens in dem Spülbecken-Abflussrohr bereits ein Zweitanschluss für den Wasch- oder Geschirrspülmaschinen-Abfluss (nach Abb. 60) integriert.

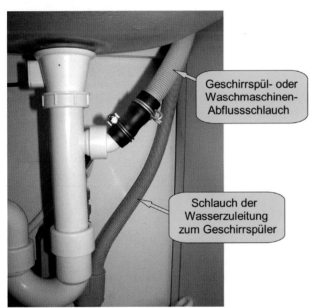

Geschirrspül- oder Waschmaschinen-Abflussschlauch

Schlauch der Wasserzuleitung zum Geschirrspüler

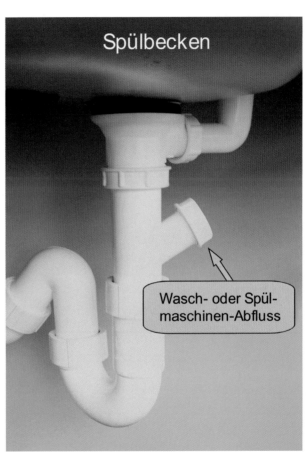

Spülbecken

Wasch- oder Spülmaschinen-Abfluss

Abb. 60: Die meisten Spülbecken-Abflussrohre sind bereits mit einem Zweitanschluss für die Geschirrspül- oder Waschmaschine versehen (wird er nicht benutzt, ist er mit einer Dichtungsscheibe verschlossen)

Abb. 61: Die Geschirrspül- oder Waschmaschine wird an den Zweitanschluss des Spülbecken-Abflussrohres mit einer Schlauchschelle angeschlossen

Abfluss einer Wasch- oder Geschirrspülmaschine richtig anschließen

Erforderliches Werkzeug

a) Eisensäge

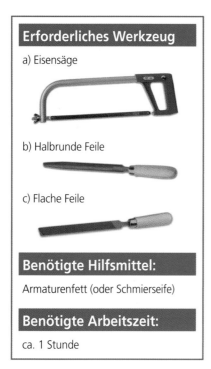

b) Halbrunde Feile

c) Flache Feile

Benötigte Hilfsmittel:

Armaturenfett (oder Schmierseife)

Benötigte Arbeitszeit:

ca. 1 Stunde

Wenn das Spülbecken-Abflussrohr keinen Zweitanschluss nach Abb. 60/61 hat, kein Problem! Sie können das bestehende Spülbecken-Abflussrohr einfach durch ein neues Abflussrohr ersetzen, das im Handel auch als Einzelteil preiswert erhältlich ist. Alle gängigen Abflussrohre haben einen Nenndurchmesser von 40 mm, sind baugleich und leicht auswechselbar. Sie können dabei folgendermaßen vorgehen:

Schritt 1

Geruchsverschluss

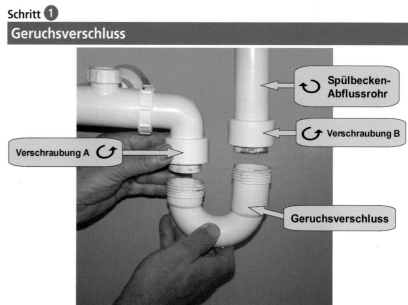

Spülbecken-Abflussrohr

Verschraubung B

Verschraubung A

Geruchsverschluss

Drehen Sie erst die Verschraubungen **A** und **B** des Geruchsverschlusses in der eingezeichneten Richtung auf, ziehen Sie den Siphon-Bogen in Richtung nach unten heraus und schrauben Sie anschließend das Spülbecken-Abflussrohr in der eingezeichneten Richtung aus dem Spülbeckenablauf heraus.

Schritt ②
Abflussrohr

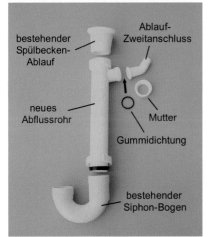

bestehender Spülbecken-Ablauf

Ablauf-Zweitanschluss

neues Abflussrohr

Mutter

Gummidichtung

bestehender Siphon-Bogen

Die hier abgebildete Zusammenstellung der Ablauf-Bauteile dient nur einer leichteren Vorstellung über die Anordnung der einzelnen Elemente, mit denen das neue Abflussrohr verschraubt wird. Vergleichen Sie die Länge des neuen Abflussrohrs mit der Länge des alten. Falls das neue Rohr zu lang ist, muss es gekürzt werden. Wenn nicht, dann gehen Sie zu Schritt 4 über.

Schritt ③
Abflussrohr kürzen

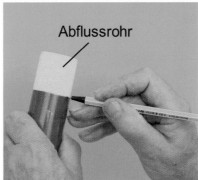

Abflussrohr

Ein zu langes Abflussrohr lässt sich leicht mit einer Eisensäge auf die gewünschte Länge kürzen. Ein gerades Abschneiden können Sie sich dadurch erleichtern, dass Sie um die vorgesehene Schnittstelle am Rohr ein Blatt Papier wickeln, dieses mit einem Klebeband festkleben und um seinen Rand mit einem Filzstift den Kreis zeichnen, an den Sie sich beim Abschneiden halten können. Nach dem Abschneiden wird das Rohrende außen mit einer flachen Feile, innen mit einer halbrunden Feile (alternativ eventuell nur mit einem Schleifpapier oder Schleifschwamm) entgratet.

Schritt ④
Abflussrohr-Einbau

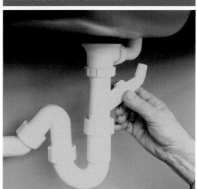

Der Einbau der Abflussrohre erfolgt in umgekehrter Reihenfolge der vorhergehenden Schritte. Bevor Sie die Rohre des Siphons zusammenschrauben, sollten Sie ihre Enden mit Armaturenfett oder Schmierseife leicht einschmieren. Das erleichtert Ihnen die Arbeit und dichtet die Verbindungen besser ab. Richten Sie den abgewinkelten Stutzen des Zweitanschlusses beim Zuschrauben mit der Öffnung nach oben – wie abgebildet. Vergessen Sie nicht, die Gummidichtung dazwischen zu setzen.

Zusätzliche Wasser-Zuleitung selber installieren

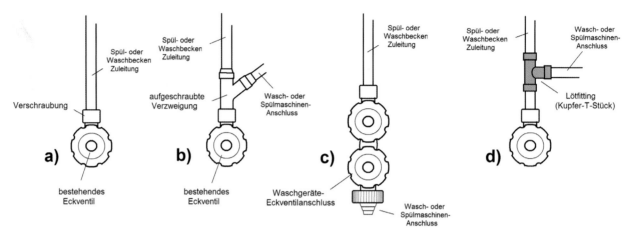

Abb. 62: Zusätzliche Anschlussmöglichkeiten für die Wasch- oder Spülmaschine an eine bestehende Eckventil-Zuleitung zum Spül- oder Waschbecken

Wenn sich in der Nähe der Wasch- oder Geschirrspülmaschine ein Waschbecken befindet, dessen Wasserzuleitungen an Eckventile angeschlossen sind, gibt es gleich mehrere Möglichkeiten, um noch einen zusätzlichen Wasseranschluss für diese Maschine anzubringen. Bei dem zusätzlichen Wasseranschluss handelt es sich in diesem Fall nur um einen „Kaltwasser"- (Trinkwasser-) Anschluss, der von der Kaltwasser-Zuleitung zu der Batterie angezapft wird.

Abb. 62a zeigt die Prinzipausführung eines normalen Spül- oder Waschbeckenanschlusses, der mit einem Eckventil versehen ist. Anstelle dieses Eckventils können Sie wahlweise entweder ein neues spezielles Eckventil (Waschgeräte-Eckventilanschluss) einschrauben, das zwei separat abschließbare Ausgänge hat, oder Sie können auf das bestehende Eckventil nur eine Verzweigung aufschrauben. Beide dieser speziellen Bau-

steine sind in größerer Auswahl im Handel erhältlich, wobei der Wasch- oder Spülmaschinen-Anschluss auch als ein „dickerer" 3/4-Zoll-Anschluss ausgelegt ist.

Am einfachsten ist die Lösung nach **Abb. 62b**, denn hier braucht das Wasser aus dem „Hausnetz" nicht abgelassen zu werden – es genügt, wenn das Eckventil geschlossen wird, in das die Verschraubung mit der Abzweige eingeschraubt wird. Achten Sie aber beim Kauf dieser Verzweigung darauf, dass sie sich von ihrer Größe und Bauart her auf Ihr bestehendes Eckventil anbringen lässt.

Die Lösung nach **Abb. 62c** bietet im Vergleich zu der Lösung nach **Abb. 62b** keine technisch bedingten Vorteile, denn ein Doppelventil ergibt hier keinen tieferen Sinn. Sollten Sie dennoch diese Lösung sympathisch finden, achten Sie beim Kauf darauf, dass das Wandanschluss-Gewinde des neu-

en Ventils bereits über eine spezielle Nylon-Dichtung verfügt, die Ihnen bei der Montage das Einhanfen erspart (es sei denn, Sie haben ohnehin den benötigten Hanf und die Gewinde-Dichtungspaste vorrätig).

Das Einlöten eines Lötfittings (Kupfer-T-Stücks) nach **Abb. 62d** stellt zwar eine relativ preiswerte Lösung dar, kommt jedoch eigentlich nur für diejenigen in Frage, die mit dem Verlöten der Leitungen bereits Erfahrung haben und dafür ausgestattet sind. Abgesehen davon kommt diese Lösung nur dann in Frage, wenn es der bestehende Spül- oder Waschbeckenanschluss dadurch ermöglicht, dass er zum Teil mit einem nicht verchromten Kupferrohr nach Abb. 63 ausgelegt ist, auf das sich ein Lötfitting problemlos löten lässt. Auf ein verchromtes Kupferrohr kann nicht „weich gelötet" werden (siehe hierzu auch Kapitel „Einfache Installationen").

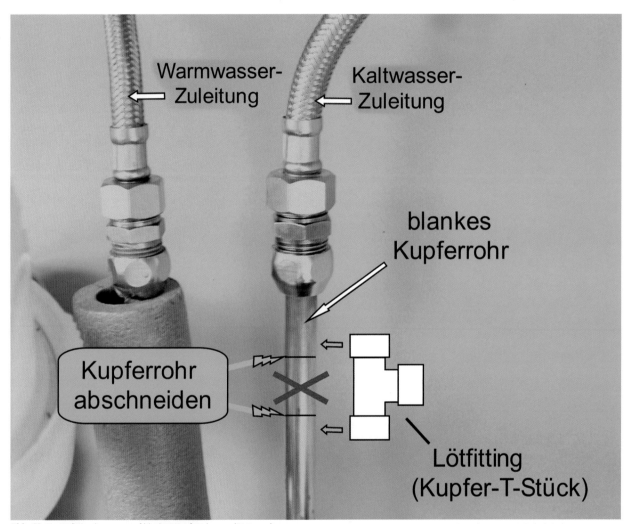

Abb. 63: Ein Lötfitting kann nur auf blanken Kupferrohren gelötet werden

Eine einfache Installation wird auch fällig, wenn sich in der Nähe der Wasch- oder Geschirrspül-Maschine kein Kaltwasseranschluss mit einem Eckventil befindet. Wo in dem Fall das Kaltwasser angezapft werden kann, wird von der jeweiligen Anordnung der Hausnetz-Wasserleitungen abhängen. Ein solcher Anschluss unterscheidet sich nicht von anderen Wasserleitungs-Anschlüssen, die nun im Zusammenhang mit dem Selbstbau näher im folgenden Kapitel erläutert werden.

Das Löten macht Spaß!

Da gibt es einen altbekannten Reim: „Wer will guten Kuchen backen, der muss haben sieben Sachen: Eier und Schmalz, Zucker und Salz ... usw". Und wer gut Kupferrohre löten will? Der braucht eigentlich ebenfalls „sieben Sachen":

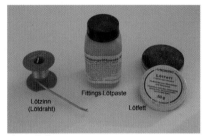

1) Lötdraht
2) Fitting Lötpaste mit Lotzusatz
3) Lötfett

4) Hobby-Lötlampe (mit Gaspatronen)

Eisensäge

Rohrabschneider

5) Eisensäge oder Rohrabschneider

6) Halbrunde Feile

7) Haushalts-Stahlwolle oder „Klempner-Reinigungsvlies"

Bemerkung:

Wenig bekannt aber außerordentlich nützlich erweist sich beim Löten von Kupferrohr-Leitungen die sogenannte **„spezielle Fittinglötpaste mit Lotzusatz"** (auch als **„Flussmittel mit Lotzusatz"** bezeichnet), die wir hier aufführen. Sie erleichtert erheblich das Löten, und das in der Paste enthaltene Lötzinn verteilt sich optimal auf den gelöteten Flächen. Mit dieser Lötpaste kann auch ein ungeübter Anfänger sehr gute Lötverbindungen erstellen. Einige Experimente mit Probelötungen sollten dennoch vorgenommen werden, um sich mit der Technologie vertraut zu machen. Falls irgendein Teil der gerade erstellten Leitung nicht den Erwartungen entspricht, ist es nur halb so schlimm, denn alles lässt sich bei Bedarf wieder auseinandernehmen und neu verlöten.

Gelötete Verbindungen finden ihre Anwendung bei Installationen, die mit Kupferrohren ausgelegt sind. Sie rosten nicht und eignen sich hervorragend für den Selbstbau, da sie problemlos mit einer einfachen (preiswerten) Gas-Lötlampe und Lötzinn gelötet werden können. Das erforderliche Zubehör – worunter auch Lötmuffen passender Größen und Formen – ist in den meisten Baumärkten (für wesentlich günstigere Preise jedoch auch im Fachgroßhandel) erhältlich.

Das große Angebot an Verbindungsstücken und verschiedensten Verschraubungen kann einen Heimwerker leicht in den Wahnsinn treiben. Vor allem dann, wenn er versucht, sich die Übersicht in den Regalen eines Baumarktes zu verschaffen, denn nicht immer ist ersichtlich, wozu alle die angebotenen Bauteile geeignet sind. Es lohnt sich daher, dass wir alle die gängigsten Bauteile, die für den Leitungsbau erforderlich sind (oder gelegentlich sein können), auf einigen der folgenden Seiten auflisten und kurz beschreiben.

Erst sehen wir uns aber genauer an, was es mit den Löten von Kupferrohr-Leitungen auf sich hat.

Das Löten macht Spaß!

Wir zeigen nun an einem konkreten Beispiel, in welchen Schritten eine Lötverbindung zustande kommen kann:

Schritt ❶
Kupferrohr schneiden

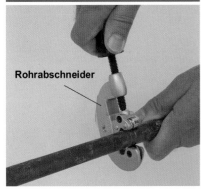

Schneiden oder sägen Sie das Kupferrohr auf die erforderliche Länge ab. Sie können dazu entweder einen speziellen Rohrabschneider oder eine Eisensäge verwenden.

Schritt ❷
Rohr entgraten

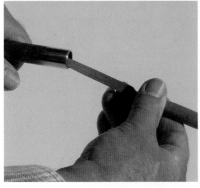

Entgraten Sie das abgeschnittene Rohr innen und außen mit einer feineren Feile.

Schritt ❸
Rohrende abschleifen

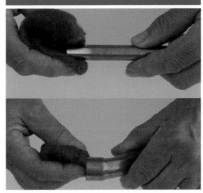

Schleifen Sie das Rohrende, sowie auch die Innenseite der Fitting-Muffe mit einer Haushalts-Stahlwolle oder mit einem Schleifvlies perfekt ab. Dieser Vorgang verdient bei älteren (matten) Kupferflächen wesentlich mehr Sorgfalt als bei neuen (stark glänzenden) Materialien.

Schritt ❹
Fittingslötpaste

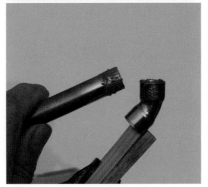

Tragen Sie (z.B. mit einem kleinen Pinsel) auf beide gelöteten Verbindungen (Rohrende außen, Muffe innen) vollflächig, aber nur dünn, die spezielle „Fittinglötpaste mit Lotzusatz" auf. Diese Lötpaste besteht zu etwa 40% aus einem normalen Löt-Flussmittel und zu 60% aus Lot und verhält sich als „flüssiges Lot". Zusätzliche geringe Zugaben von „normalem" Lötzinn (Lötdraht) sind bei Bedarf erforderlich.

Schritt ❺
Rohr festklemmen

Wenn es das Vorhaben erlaubt – was vor allem beim ersten experimentellen Löten der Fall sein dürfte – spannen Sie das gelötete Rohr wie abgebildet mit einer kleinen Klemme zwischen zwei dünne Holzstäbe und zusätzlich in einen Schraubstock ein.

Das Löten macht Spaß!

Schritt 6
Löten

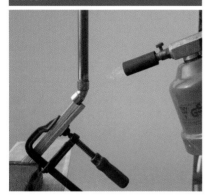

Stecken sie beide Enden der gelöteten Stücke zusammen und bereiten Sie alles zum Verlöten vor. Lötzinn (Lötdraht) und eine offene Dose mit Lötfett sollten griffbereit sein. Zünden Sie danach die Lötlampe an, und erwärmen Sie langsam die Lötverbindung rundum.

Schritt 7
Lot-Zugabe

Die ursprünglich graue Lötpaste fängt während des Aufwärmens zu „kochen" an und kurz danach wird sie sich silbern färben. In diesem Augenblick sollten Sie vorsichtig in die Lötverbindung etwas Lot von einem Lötdraht dazugeben (leicht antupfen). Aber nur so viel, dass sich der verlötete Rand mit dem Zinn silbrig glatt rundum füllt (wie abgebildet). Die Lötlampe halten Sie dabei etwas weiter weg. Sie soll die Lötstelle nur ausreichend heiß halten, denn das Zinn braucht etwas Zeit, um sich vollflächig zwischen den zwei Kontaktflächen zu verteilen. Die Lötstelle darf aber wiederum nicht übertrieben heiß werden, da sonst das Lötzinn aus der Lötverbindung flüchtet und entweder in das Rohr hinein oder auf den Fußboden heruntertropft.

Schritt 8
Lötverbindung reinigen

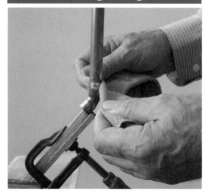

Wischen Sie die Flussmittel-Verschmutzung und eventuelle Zinnreste mit einem leicht feuchten Tuch von der Lötstelle ab, solange diese noch relativ heiß ist. Während der ersten Lötversuche werden Sie höchstwahrscheinlich das Rohr um die Lötstelle stärker mit Zinn verschmutzen, welches bei diesem Putzvorgang auch entfernt werden sollte. Ein zusätzliches Abbürsten der gröberen Schmutz-Rückstände mit einer Messing-Drahtbürste ist vor allem dann zu empfehlen, wenn das Kupferrohr mit Farbe überstrichen werden soll.

Schritt 9
Perfekt verlötet

Der so entstandene Zinn-Ring sollte um die Verbindung nur sehr dünn verteilt sein (wie hier abgebildet). Falls dies auf Anhieb nicht gelingt, können Sie z.B. mit der Spitze eines kleinen Schraubendrehers auf die Lötstelle noch etwas Flussmittel ohne Lot (reine Lötpaste) auftragen, es dabei mit der Lötlampe heiß halten und etwas Zinn dazu geben (= die Lötstelle nochmals mit dem Lötdraht antupfen). Danach können Sie die noch heiße Lötstelle mit einem Tuch von überflüssigen Lot und Lötfett-Resten säubern.

Schritt ⑩
Die richtige Position

Das Verlöten der Verbindungen (worunter auch langer Rohrleitungen) kann in jeder beliebigen Position erfolgen. Für die Anfertigung der ersten „Gesellenstücke" eignet sich jedoch am besten die abgebildete Position. Drehen Sie beim Löten den Knopf der Lötlampe nicht zu sehr auf. Die Lötlampen-Flamme ist zwar in einem beleuchteten Raum schlecht sichtbar, aber sie werden hören, wie das herausströmende Gas zischt. Nachdem Sie das Gas mit einem Streichholz oder Feuerzeug angezündet und eingestellt haben, beginnen Sie die Lötstelle rundum zu erwärmen. Die Lötlampe – und somit auch die Flamme – sollte während des Lötens immer in Bewegung sein. Beobachten Sie dabei die beiden Ränder des gelöteten Fittings: das Zinn sollte nicht herunter- oder in das Rohr hineintropfen.

Unser Tipp:

Wenn Sie mit dieser Lötarbeit noch keine Erfahrung haben, sollten Sie erst probeweise (und evtl. wiederholend) einige Kupfer-Fittings mit Kupferrohr-Abschnitten zusammenlöten. An solchen „Gesellenstücken" können Sie auch innen sehen, ob da das Zinn nicht aus der Verbindung in das Rohr heraustropft oder hineinhängt (was durch übertrieben große Zinn-Zugaben während des Lötens verursacht werden kann).

Zu gelegentlichen Lötarbeiten gehören auch diverse Reparaturen an bestehenden Leitungen, zu denen auch Rohrbrüche an Kupferrohren gehören. Vorausgesetzt, man hat das Glück, dass der Rohrbruch an einer Kupferleitung entsteht, denn da lässt sich so ein Schaden meist ganz einfach beheben: Das beschädigte Stück Rohr wird einfach mit einem Rohrabschneider oder einer Eisensäge „amputiert" und danach – wie hier abgebildet – mit zwei Muffen und einem Stück Kupferrohr ersetzt.

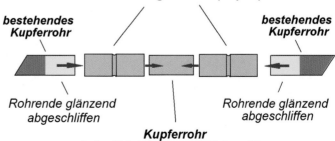

Lötverbindungs-Muffen (Kupfer)

bestehendes Kupferrohr

bestehendes Kupferrohr

Rohrende glänzend abgeschliffen

Rohrende glänzend abgeschliffen

Kupferrohr (oder "Verbindungs-Lötnippel")

Kupfer-Leitungsrohre

Kupfer-Leitungsrohre sind in drei Grundausführungen erhältlich: als blanke Kupferrohre, als mit dünnem Kunststoff ummantelte Rohre und als „dickwandig" wärmeisolierte Kupferrohre.

Blanke Kupferrohre bilden die preiswerteste Grundausführung. Sie können entweder für alle Leitungen einheitlich angewendet oder mit Kunststoff ummantelten bzw. wärmeisolierten Kupferrohren kombiniert werden.

Dünnwandig Kunststoff ummantelte Kupferrohre sind für Kaltwasser-Unterputzleitungen, dickwandig wärmeisolierte Kunststoffrohre sind sowohl für Aufputz- als auch für Unterputzleitungen von Warmwasser-Leitungen vorgesehen.

Wenn Sie für Unterputz-Leitungen (Kaltwasser-Leitungen) nur blanke Kupferrohre verwenden, müssen diese zusätzlich mit einer Folie oder mit einem breiten Klebeband umwickelt oder mit einem handelsüblichen Dünnwandschlauch überzogen werden. Kupfer verträgt sich chemisch nicht mit Zement- oder Kalkputz (dieser kann es im Laufe der Zeit ziemlich zerfressen).

Für Unterputz Warmwasser-Leitungen müssen die Kupferrohre, wie bereits erwähnt, unbedingt wärmeisoliert werden. Meist ist es kostengünstiger (allerdings etwas arbeitsintensiver), wenn Sie nur blanke Kupferrohre kaufen und diese mit einer preiswerten Rohrisolierung später nachrüsten.

Blanke Kupferrohre werden wahlweise in Stangen (von bis zu etwa 5 m Länge) oder in „weich entspannten" Ringen ange-

boten. Bis zu einem Außendurchmesser von Ø 22 mm beträgt die Wandstärke der Rohre 1 mm, ab Außen-Ø 28 mm (bis Außen-Ø 42 mm) beträgt die Wandstärke 1,5 mm.

Handelsübliche Standard-Außendurchmesser der Kupferrohre in Stangen:
Ø 6 mm – 8 mm – 10 mm – 12 mm – 15 mm – 18 mm –22 mm – 28 mm – 35 mm – 42 mm und 54 mm

Handelsübliche Standard-Außendurchmesser der Kupferrohre in Ringen
sind identisch mit denen der Stangen-Kupferrohre, werden jedoch nur bis zu einem Durchmesser von Ø 22 mm gefertigt

Lötfittings

Kupfer-Leitungsrohre werden miteinander mittels Lötfittings verbunden (verlötet), die in verschiedenen Ausführungen erhältlich sind.

Lötverbindungen an Kupferrohren bestehen meist entweder aus zwei Rohren und einer Verbindungsmuffe (Abb. 64a), aus zwei Rohren und einem Fitting (Abb. 64b), oder aus drei Rohren, die mit einem T-Stück verbunden sind (Abb. 64c). Daher werden meistens beide bzw. alle drei Enden der Muffe oder des Fittings gleichzeitig gelötet.

Kupfer-Leitungsrohre werden miteinander mittels Lötfittings nach Abb. 64 bis 69 verbunden. Zwei Kupferrohre gleichen Durchmessers werden miteinander mit Hilfe von einfachen **Muffen** verbunden, die es für alle Rohrdurchmesser zwischen 8 und 54 mm gibt. **Reduzierte Muffen** ermöglichen eine Lötverbindung von zwei Rohren ungleicher Durchmesser. Eine reduzierte Muffe, die z.B. für die Verbindung eines 15 mm Kupferrohrs mit einem 12 mm Kupferrohr erforderlich ist, wird als **15 x 12** bezeichnet.

Als vorgefertigt gebogene Verbindungsstücke stehen dem Installateur **Bögen, Winkel, Überspring- und Ausdehnungsbögen** in großer Auswahl zur Verfügung.

Bögen (bzw. Winkel) sind wahlweise in zwei Ausführungen erhältlich: mit Muffen an beiden Enden oder mit nur einer Muffe (als „Winkel" werden Bögen bezeichnet, die einen etwas kleineren Radius als die „Bögen" haben). Wenn in beide Seiten eines Bogens zwei Kupferrohre nach Abb. 64b eingelötet werden sollen, muss dieser logischerweise mit zwei Muffen (Lötaufsätzen)

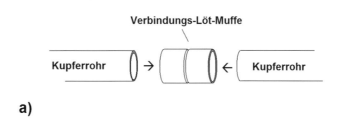

a)

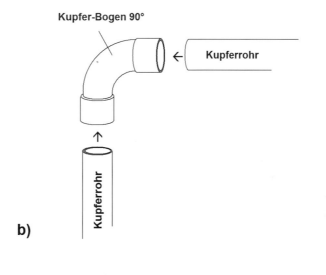

b)

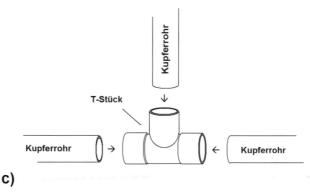

c)

Abb. 64: Die gängigsten Lötverbindungen von Kupfer-Leitungsrohren mittels Löt-Fittings: a) mit einer Muffe, b) mit einem Bogen, c) mit einem T-Stück

Lötfittings

Abb. 65: Kupfer-Verbindungs-Löt-Muffen

Abb. 66: Winkel-Lötfitting

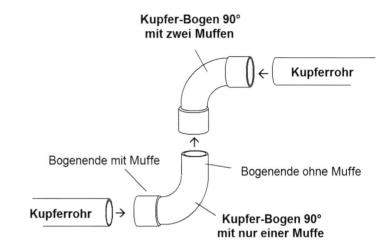

Abb. 67: Kombination von zwei unterschiedlich ausgeführten Bögen

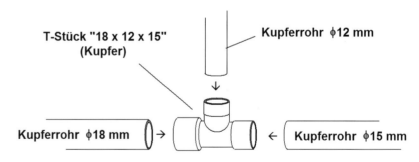

Abb. 68: Lötfitting mit einem T-förmigen reduzierten Abzweig

ausgelegt sein. Sollen jedoch z.B. nach Abb. 67 zwei Bögen miteinander verlötet werden, muss einer dieser Bögen in den anderen Bogen hineingesteckt werden und darf daher nur an einer Seite eine Muffe haben.

Handelsübliche Standard-Bögen sind wahlweise als 90°- oder 45°-Bögen für alle Kupferrohr-Durchmesser erhältlich.

Lötfittings, die mit einem T-förmigen Abzweig nach Abb. 68 versehen sind, ermöglichen wahlweise Verbindungen und Abzweige von Rohren gleicher, als auch von Rohren ungleicher Durchmesser. Das abgebildete Beispiel zeigt den logischen Zusammenhang zwischen der Bezeichnung und der Reihenfolge der Muffengrößen bei einem **T-Stück**.

Alternativ zu den T-förmigen Abzweigen gibt es auch kreuzförmige Lötfittings, die

nach Abb. 69 eine Kreuzverbindung von vier Kupferrohren ermöglichen.

Soll eine Kupferrohr-Leitung mit Rohren oder anderen Bauteilen verbunden werden, die mit einem Gewinde versehen sind, werden dazu Lötfittings verwendet, deren eine Seite für eine Lötverbindung und die andere Seite für eine Schraubverbindung vorgesehen ist.

Für einfache axiale (gerade verlaufende) Verbindungen gibt es zu diesem Zweck wahlweise **Übergangsnippel** und **Übergangs-Muffennippel** nach Abb. 70. Die Lötmuffen sind für Kupferrohre von Ø 10 mm bis Ø 54 mm und die Verschraubungen für Zoll-Gewinde von 3/8″ bis 2″ in verschiedenen Kombinationen erhältlich – worunter z.B. Ø 15 mm auf 1/2″, Ø 15 mm auf 3/4″,

Lötfittings

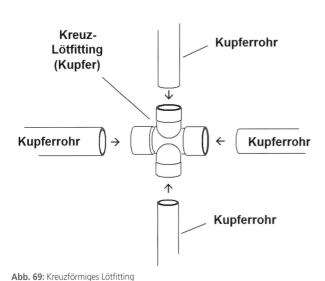

Abb. 69: Kreuzförmiges Lötfitting

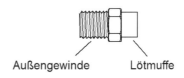

Abb. 70: Löt- & Schraub-Übergangsnippel

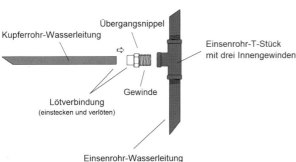

Abb. 71: Über einen Übergangsnippel kann eine Kupferrohr-Leitung an eine Eisenrohr-Leitung angeschlossen werden

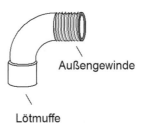

Abb. 72: Winkel-Formstücke für kombinierte Löt-/Schraubverbindungen

Ø 18 mm auf 1/2", Ø 18 mm auf 3/4" usw.

Mit Hilfe solcher Übergangsnippel bzw. Übergangs-Muffennippel kann z.B. nach Abb. 71 eine Kupferleitung an eine Eisenrohr-Leitung angeschlossen werden.

Auch **Winkel-Formstücke** (Abb. 72) stehen für solche kombinierte Löt-/Schraub-verbindungen in genügend großer Auswahl zur Verfügung.

Als vorgefertigt gebogene Verbindungsstücke stehen dem Installateur **Bögen, Winkel, Überspring- und Ausdehnungsbögen** in großer Auswahl zur Verfügung. Die meisten dieser Bögen sind wahlweise in zwei Ausführungen erhältlich: mit einer Muffe an beiden Seiten oder nur an einer Seite. Welche der zwei Ausführungen verwendet wird, hängt davon ab, welche Zusammensetzung mit weiteren Bauteilen erforderlich ist.

Die hier aufgeführten Beispiele dienen

Lötfittings

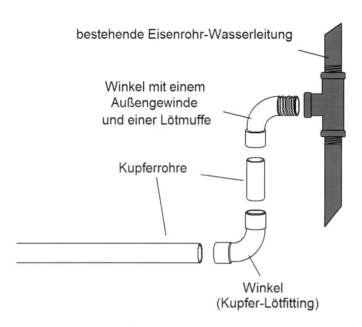

bestehende Eisenrohr-Wasserleitung

Winkel mit einem
Außengewinde
und einer Lötmuffe

Kupferrohre

Winkel
(Kupfer-Lötfitting)

Abb. 73: Anwendungsbeispiel eines Winkel-Formstücks für Löt/Schraubverbindungen

Abb. 74: Lötfittings sind auch in der Form von Überspringbögen erhältlich

nur einer leichteren Orientierung im „Dschungel" des umfangreichen Zubehörs. Es ist zwar hervorragend, dass für jedes Vorhaben alle benötigten Bauteile als Fertigteile erhältlich sind, aber man muss bereits im Planungsstadium im Bilde darüber sein, was es überhaupt alles gibt, wie es aussieht und wozu es sich konkret eignet. Einige der Anwendungsmöglichkeiten haben wir bereits beschrieben, auf weitere kommen wir noch im Zusammenhang mit konkreten Anwendungsbeispielen zurück. Die nun folgende Übersicht von Lötfittings und Verschraubungen erleichtert Ihnen die Lösung des einen oder anderen Vorhabens:

Lötfittings

Lötverbindungs-Muffe:
erhältlich für Kupferrohre mit Außendurchmessern von Ø 8, 10, 12, 15, 18, 22, 28, 35, 42 und 54 mm

Lötverbindungs-Muffe reduziert:
erhältlich in Abstufungen von Ø 10/8 • 12/8 • 12/10 • 15/10 • 15/ 12 • 18/12 • 18/15 • 22/12 • 22/15 • 22/18 • 28/18 • 28/22 • 35/22 • 35/28 • 42/22 • 42/28 • 42/35 • 54/35 und 54/42 mm

Bogen 90° mit zwei Muffen:
erhältlich für alle Kupferrohre mit Standard-Außendurchmessern von Ø 8 bis Ø 54 mm

Bogen 90° mit einer Muffe:
erhältlich für alle Kupferrohre mit Standard-Außendurchmessern von Ø 8 bis Ø 54 mm

Bogen 45° mit zwei Muffen:
erhältlich für alle Kupferrohre mit Standard-Außendurchmessern von Ø 8 bis Ø 54 mm

Bogen 45° mit einer Muffe:
erhältlich für alle Kupferrohre mit Standard-Außendurchmessern von Ø 8 bis Ø 54 mm

Winkel 90° mit zwei Muffen:
erhältlich für alle Kupferrohre mit Standard-Außendurchmessern von Ø 8 bis Ø 54 mm

Winkel 90° mit einer Muffe:
erhältlich für alle Kupferrohre mit Standard-Außendurchmessern von Ø 8 bis Ø 54 mm

Winkel 90° mit einer Löt-Muffe und einem Innengewinde:
erhältlich als Ø 10 mm auf 3/8" • 10 mm auf 1/2" • 12 mm auf 3/8" • 12 mm auf 1/2" • 15 mm auf 3/8" • 15 mm auf 1/2" • 15 mm auf 3/4" • 18 mm auf 1/2" • 18 mm auf 3/4" • 22 mm auf 1/2" • 22 mm auf 3/4" • 22 mm auf 1" • 28 mm auf 3/4" • 28 mm auf 1" • 35 mm auf 1" • 35 mm auf 1 1/4" • 42 mm auf 1 1/2" • 54 mm auf 2"

Winkel 90° mit einer Löt-Muffe und einem Außengewinde:
erhältlich als Ø 10 mm auf 3/8" • 12 mm auf 3/8" • 12 mm auf 1/2" • 15 mm auf 3/8" • 15 mm auf 1/2" • 15 mm auf 3/4" • 18 mm auf 1/2" • 18 mm auf 3/4" • 22 mm auf 1/2" • 22 mm auf 3/4" • 22 mm auf 1" • 28 mm auf 1" • 35 mm auf 1 1/4" • 42 mm auf 1 1/2" • 54 mm auf 2"

Übergangs-Lötnippel mit einem Innengewinde:
erhältlich als Ø 12 mm auf 3/8" • 12 mm auf 1/2" • 15 mm auf 3/8" • 15 mm auf 1/2" • 15 mm auf 3/4" • 18 mm auf 1/2 " • 18 mm auf 3/4" • 22 mm auf 1/2" • 22 mm auf 3/4 " • 22 mm auf 1" • 28 mm auf 3/4" • 28 mm auf 1" • 28 mm auf 1 1/4" • 35 mm auf 1" • 35 mm auf 1 1/4" • 42 mm auf 1 1/4" • 42 mm auf 1 1/2" • 54 mm auf 2"

Übergangs-Lötnippel mit einem Außengewinde:
erhältlich in Ausführungen von Ø 10 mm auf 3/8" • 10 mm auf 1/2" • 12 mm auf 3/8" • 12 mm auf 1/2" • 15 mm auf 3/8" • 15 mm auf 1/2" • 15 mm auf 3/4" • 18 mm auf 1/2" • 18 mm auf 3/4" • 22 mm auf 1/2" • 22 mm auf 3/4" • 22 mm auf 1" • 28 mm auf 3/4" • 28 mm auf 1" • 28 mm auf 1 1/4" • 35 mm auf 1" • 35 mm auf 1 1/4" • 35 mm auf 1 3/4" • 42 mm auf 1 1/4" • 42 mm auf 1 1/2" • 54 mm auf 1 3/4" • 54 mm auf 2"

Lötfittings

Löt-T-Stück und Löt-T-Bogen mit drei gleichen Anschlüssen:
erhältlich für alle Kupferrohre mit Standard-Außendurchmessern von Ø 8 bis Ø 54 mm

Löt-T-Stück mit einem reduzierten mittleren Abzweig:
erhältlich als Ø 10/8/10 • 12/8/12 • 12/10/12 • 12/15/12 • 15/10/15 • 15/12/15 • 15/18/15 • 15/22/15 • 18/12/18 • 18/15/18 • 18/22/18 • 22/12/22 • 22/15/22 • 22/18/22 • 22/28/22 • 28/12/28 • 28/15/28 • 28/18/28 • 35/15/35 • 35/18/35 • 35/22/35 • 35/28/35 • 42/15/42 und größer

Löt-T-Stück mit reduziertem Durchgang und teilweise auch Abzweig:
erhältlich in Ausführungen von Ø 12/12/10 • 12/10/10 • 15/15/12 • 15/12/12 • 18/18/15 • 18/18/12 • 18/15/15 • 18/15/12 • 22/22/18 • 22/22/15 • 22/18/18 • 22/15/15 • 22/15/18 • 22/18/15 • 28/22/18 • 28/28/22 • 28/28/18 • 28/28/15 • 28/22/22 • 28/18/22 • 28/15/22 • 28/15/15 • 35/35/28 und größer

Kreuz mit 4 gleichen aufgesetzten Anschlüssen:
erhältlich für alle Kupferrohre mit Standard-Außendurchmessern von Ø 8 bis Ø 54 mm

Stopfen:
erhältlich für Kupferrohre mit Standard-Außendurchmessern von Ø 8 bis ca. Ø 18 mm

Überspringbogen lang:
erhältlich für Kupferrohre mit Standard-Außendurchmessern von Ø 12, 15, 18 und 22 mm

Überspringbogen kurz:
erhältlich für Kupferrohre mit Standard-Außendurchmessern von Ø 12, 15, 18 und 22 mm

Löt-Verschraubung, konisch dichtend, mit zwei Lötanschlüssen:
diese Verschraubung ist für Verbindungen bestimmt, die leicht demontierbar sein sollen, und ist erhältlich für Kupferrohre mit Standard-Außendurchmessern von Ø 10 bis 54 mm

Verschraubung, konisch dichtend, mit einem Lötanschluss und einem Außengewinde:
auch diese Verschraubung ist für Verbindungen bestimmt, die leicht demontierbar sein sollen und ist erhältlich in Ausführungen von Ø 12 mm auf 3/8" • 15 mm auf 1/2" • 15 mm auf 3/4" • 18 mm auf 1/2" • 18 mm auf 3/4" • 22 mm auf 3/4" • 22 mm auf 1" • 28 mm auf 1" • 35 mm auf 1 1/4" • 42 mm auf 1 1/2" • 54 mm auf 2"

Verschraubung, konisch dichtend, mit einem Lötanschluss und einem Innengewinde: auch diese Verschraubung ist für Verbindungen bestimmt, die leicht demontierbar sein sollen und ist erhältlich in folgenden Ausführungen: Ø 12 mm auf 3/8" • 15 mm auf 1/2" • 15 mm auf 3/4" • 18 mm auf 1/2 " • 18 mm auf 3/4" • 22 mm auf 3/4" • 22 mm auf 1" • 28 mm auf 1" • 35 mm auf 1 1/4" • 42 mm auf 1 1/2" • 54 mm auf 2"

Deckenwinkel mit einem Lötanschluss und einem Innengewinde:
für den Anschluss eines Wand-Wasserhahns, einer Wand-Batterie oder eines Zuleitungs-Eckventils (der Deckenwinkel wird z.B. unter einem Waschbecken installiert): erhältlich in Ausführungen von Ø 10 mm auf 1/2" • 12 mm auf 3/8" • 12 mm auf 1/2" • 15 mm auf 3/8" • 15 mm auf 1/2" • 18 mm auf 1/2" • 22 mm auf 3/4"

Klemmring-Verschraubungen & Gewinde-Fittings aus Messing

Gerade Klemmring-Verschraubung aus Messing, für Kupfer-, Weichstahl-, Edelstahl und vernetzte PE-Rohre:
erhältlich in Ausführungen von Ø 10 mm auf 3/8" • 10 mm/ auf 1/2" • 12 mm auf 3/8" • 12 mm auf 1/2" • 12 mm auf 3/4" • 15 mm auf 3/8" • 15 mm auf 1/2" • 15 mm auf 3/4" • 16 mm auf 1/2" • 16 mm auf 3/4" • 18 mm auf 1/2" • 18 mm auf 3/4"

Gerade Verschraubung, auch reduziert:
erhältlich für Kupfer- und Eisenrohre mit Außendurchmessern von Ø 10/10 • 12/10 • 12/12 • 15/10 • 15/12 • 15/15 • 16/15 • 16/16 • 18/12 • 18/15 • 18/18 mm

Klemmring-Winkelverschraubung, nicht reduziert:
erhältlich für Kupferrohre mit Außendurchmessern von Ø 10/10 • 12/12 • 15/15 • 16/16 • 18/18 mm

Klemmring-Einschraubwinkel (glattes Rohr auf Gewinde):
erhältlich in Ausführungen von Ø 12 mm auf 3/8" • 15 mm auf 1/2" • 16 mm auf 1/2" • 18 mm auf 1/2" • 18 mm auf 3/4"

Klemmring-T-Verschraubung:
erhältlich für Kupferrohre gleicher Durchmesser von Ø 10 bis 18 mm

Klemmring-Einsatz zur Klemmring-Verschraubung:
erhältlich in Durchmessern von Ø 10, 12, 15, 16 und 18 mm

Winkel 90°, verchromt mit 2 Innengewinden:
erhältlich in Ausführungen von 3/8", 1/2", 3/4", 1", 1 1/4", 1 1/2" und 2"

Winkel 90°, verchromt mit Innen- & Außengewinde:
erhältlich in Ausführungen von 3/8", 1/2", 3/4" und 1"

Winkel 45°, verchromt mit 2 Innengewinden:
erhältlich in Ausführungen von 3/8", 1/2", 3/4" und 1"

Winkel 45°, verchromt mit einem Innen- und einem Außengewinde:
erhältlich in Ausführungen von 3/8", 1/2", 3/4" und 1"

T-Stück, verchromt mit drei Innengewinden:
erhältlich in Ausführungen von 3/8", 1/2", 3/4", 1", 1 1/2"

Reduziermuffe, verchromt, mit zwei Innengewinden:
erhältlich in Ausführungen von 3/8" auf 1/4" • 1/2" auf 3/8 " • 3/4" auf 1/2" • 1" auf 3/4" • 1 1/4" auf 1" • 1 1/2" auf 1 1/4" • 2" auf 1 1/2"

Reduziermuffe, verchromt, mit einem Innen und einem Außengewinde:
erhältlich in Ausführungen von 3/8" auf 1/4" • 1/2" auf 3/8" • 3/4" auf 1/2" • 1" auf 3/4" • 1 1/4" auf 1" • 1 1/2" auf 1 1/4" • 2" auf 1 1/2"

Doppelnippel, verchromt, 40, 60, 80 und 100 mm lang:
erhältlich in Ausführungen von 3/8" und 1/2";
Doppelnippel, verchromt, 120 und 150 mm lang:
erhältlich in Ausführung von 1/2"

Reduziernippel, verchromt, mit zwei Außengewinden:
erhältlich in Ausführungen von 3/8" auf 1/4" • 1/2" auf 3/8" • 3/4" auf 1/2" • 1" auf 3/4" und 1 1/4" auf 1"

Reduzierstück, verchromt, mit einem Innen- und einem Außengewinde:
erhältlich in Ausführungen von 3/8" auf 1/4" • 1/2" auf 3/8" • 3/4" auf 1/2" und 1" auf 3/4"

Verbindungs-Muffe, verchromt, mit zwei Innengewinden:
erhältlich in Ausführungen von 3/8", 1/2", 3/4" , 1", 1 1/4", 1 1/2" und 2"

Gewinde-Fittings aus Rotguss

Reduziernippel mit einem Außen- und Innengewinde, mit Innenkonus:
erhältlich in Ausführungen von 3/8" auf 1/4" • 1/2" auf 3/8" • 3/4" auf 1/2" • 1" auf 3/4" • 1 1/4" auf 1" • 1 1/2" auf 1 1/4" • 1 3/4" auf 1 1/2" • 2 3/8" auf 2"

Reduziernippel mit zwei Außengewinden:
erhältlich in Ausführungen von 3/8" auf 1/4" • 1/2" auf 1/4" • 1/2" auf 3/8" • 3/4" auf 3/8" • 3/4" auf 1/2" • 1" auf 1/2" • 1" auf 3/4" • 1 1/4" auf 1" • 1 1/2" auf 1" • 1 1/2" auf 1 1/4" • 2" auf 1 1/4" • 2" auf 1 1/2"

Muffe:
erhältlich in Ausführungen von 1/4", 3/8", 1/2", 3/4", 1", 1 1/4", 1 1/2", und 2"

Sechskant-Nippel:
erhältlich in Ausführungen von 1/4", 3/8", 1/2", 3/4", 1", 1 1/4", 1 1/2", und 2"

Stopfen:
erhältlich in Ausführungen von 1/4", 3/8", 1/2", 3/4", 1", 1 1/4", 1 1/2", und 2"

T-Stück, reduziert, mit 3 Innengewinden:
erhältlich in Ausführungen von 1/2" x 3/8" x 1/2" • 1/2" x 3/4" x 1/2" • 3/4" x 1/2" x 1/2" • 3/4" x 1/2" x 3/4" • 3/4" x 3/4" x 1/2" • 1" x 1/2" x 1" • 1" x 3/4" x 1" • 1" x 1" x 1/2" • 1 1/4" x 1" x 1 1/4" • 2" x 1" x 2"

Kreuzstück mit 3 Innengewinden:
erhältlich in Ausführungen von 3/8", 1/2", 1/4" und 1"

Reduziermuffe mit zwei Innengewinden:
erhältlich in Ausführungen von 3/8" auf 1/4" • 1/2" auf 1/4" • 1/2" auf 3/8" • 3/4" auf 3/8" • 3/4" auf 1/2" • 1" auf 1/2" • 1" auf 3/4" • 1 1/4" auf 3/4" • 1 1/4" auf 1" • 1 1/2" auf 1" • 1 1/2" auf 1 1/4" • 2" auf 1 1/4" • 2" auf 1 1/2"

Sechskant Reduzierstück mit einem Außen- und einem Innengewinde:
erhältlich in Ausführungen von 3/8" auf 1/4" • 1/2" auf 1/4" • 1/2" auf 3/8" • 3/4" auf 1/4" • 3/4" auf 3/8" • 3/4" auf 1/2" • 1" auf 3/8" • 1"auf 1/2" • 1 1/4" auf 3/4" • 1 1/4" auf 1/2" • 1 1/4" auf 3/4" • 1 1/4" auf 1" • 1 1/2" auf 1/2" • 1 1/2" auf 3/4 " • 1 1/2" auf 1" • 1 1/4" auf 1 1/2 " • 2" auf 1/2" • 2" auf 3/4" • 2" auf 1" • 2" auf 1 1/4" • 2" auf 1 1/2"

Rundes Reduzierstück mit einem Außen- und einem Innengewinde:
erhältlich in Ausführungen von 1/4" auf 3/8" • 3/8" auf 1/2" • 3/8" auf 3/4" • 1/2" auf 3/8" • 1/2" auf 3/4" • 1/2" auf 1" • 3/4" auf 1/2" • 3/4" auf 1" • 3/4" auf 1 1/4" • 1" auf 1 1/4"

Kappe mit Innengewinde:
erhältlich in Ausführungen von 1/4", 3/8", 1/2", 3/4", 1", 1 1/4", 1 1/2", und 2"

Verschraubung/Bogen 90°, flachdichtend, mit Innen- und Außengewinde:
erhältlich in Ausführungen von 3/8", 1/2", 3/4", 1", 1 1/4", 1 1/2", und 2"

Gerade Verschraubung, flachdichtend, mit zwei Innengewinden:
erhältlich in Ausführungen von 1/4", 3/8", 1/2", 3/4", 1", 1 1/4", 1 1/2", und 2"

Gerade Verschraubung, flachdichtend, mit Innen- und Außengewinde:
erhältlich in Ausführungen von 1/4", 3/8", 1/2", 3/4", 1", 1 1/4", 1 1/2", und 2"

Gerade Verschraubung, flachdichtend, mit zwei Außengewinden:
erhältlich in Ausführungen von 3/8", 1/2", 3/4", 1"

Flexible „zusammenschraubbare" Rohrsysteme

Wer lieber schrauben als löten möchte, der kann anstelle von Kupferrohren auch spezielle Rohrsysteme (Abb. 75 bis 78) verwenden, die mit Hilfe von speziellen Klemmring-Verschraubungen sowohl miteinander als auch mit anderen Rohren (Kupferrohren oder Stahlrohren mit Gewindeanschluss) verbunden werden. Diese Rohrsysteme sind zwar etwas teurer als Kupferleitungen, aber bei kürzeren Anschlüssen entfällt wiederum die Anschaffung einer Lötlampe, der relativ teuren Fitting-Lötpaste usw.

Abb. 76: Ausführungsbeispiel eines speziellen Adapters, der eine Schraubverbindung mit einem Stahlrohr ermöglicht (Foto Marley DreMa)

Abb. 75: Das flexible „PE-X-Kunststoffrohr" (Marley DreMa) besteht aus fünf Schichten

1) Basisrohr
2), 4) Haftvermittler
3) Aluminiumrohr
5) PE-Schutzschicht

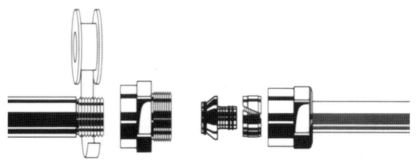

Abb. 77: Montagebeispiel: Anschluss eines PE-X-Kunststoffrohres (rechts) mit einem verzinkten Stahlrohr (links)

Unsere Empfehlung: Sehen Sie sich in Ihrem Baumarkt einfach diese Rohrsysteme mit den zur Verfügung stehenden Fittings, Kupplungen und Adaptern an und lassen Sie sich zu Ihrem Anliegen unverbindlich beraten (bevorzugt „wiederholend beraten"). Fragen Sie den Verkäufern ein Loch in den Bauch, sehen Sie sich anschließend an, was über das zutreffende Thema in diesem Buch steht. Auf dem Gebiet des Sanitär-Zubehörs gibt es laufend diverse neue Bausteine, die Ihnen helfen können, verschiedene problematische Aufgaben zu lösen.

Abb. 78: Montagebeispiel: Anschluss eines PE-X-Kunststoffrohres (rechts) mit einem Kupferrohr (links)

Schrauben statt Löten?

Kupferrohre und Kupfer-Lötfittings sind zwar wesentlich preiswerter als verschiedene Klemmverschraubungen, setzen jedoch voraus, dass Sie über eine kleine „Hobby-Lötlampe", Weichlot (als Lötdraht und Fitting-Lötpaste) und Flussmittel verfügen.

Klemmverschraubungen der bereits angesprochenen flexiblen Rohrsysteme können dagegen nur mit normalen Gabelschlüsseln (zur Not auch nur mit einer Wasserpumpenzange) angebracht werden.

Was verdient Vorrang?

Im Allgemeinen dürften Schraubverbindungen vor Lötverbindungen nur bei kürzeren Leitungen sinnvoll sein. Wenn Sie eigenhändig bisher keine wasserführenden Leitungen verlegt haben und in dem Zusammenhang weder mit dem Löten noch mit dem Schrauben ausreichende Erfahrung machen konnten, sollten Sie sich mit Ihren ersten Versuchen nur an Aufputz-Leitungen wagen. Die können jederzeit ausgebessert werden, wenn sich da ein Leck zeigt. Falls ein Teil der Leitungen dennoch verputzt oder einbetoniert werden soll, warten Sie damit und räumen Sie der Leitung erst eine Probezeit ein.

Unser Tipp: Im Sortiment der flexiblen Rohrsysteme befinden sind laut Prospekt auch diverse Adapter, die das Anschließen des flexiblen Rohrs an ein Kupfer- oder Edelstahlrohr ermöglichen. In der Praxis erweisen sich diese Verbindungen manchmal als undicht, wenn das Gegenstück (das Kupfer- oder Edelstahlrohr) nicht die erforderliche Härte und Oberflächen-Glätte hat, bzw. nicht exakt rund ist. Vor allem beim Anschluss des flexiblen Rohrs an ein Kupferrohr kann es Probleme geben. Aus diesem Grund ist es zu empfehlen, dass an bestehende Kupferrohr-Leitungen bevorzugt nur Kupferrohrleitungen angeschlossen (= angelötet) werden.

Falls dennoch an Kupferrohr-Leitungen ein Alu-Rohrsystem („flexibles Rohrsystem") angeschlossen wird, sollte anstelle einer Klemmverbindung, lieber einer zuverlässigeren Schraubverbindung Vorrang gegeben werden, die z.B. nach Abb. 79 ausgeführt werden kann. Dort, wo „Gewinde in Gewinde" geschraubt wird, muss das Außengewinde mit einer Nylonband- oder Hanf-Dichtung versehen werden. Die Wahl des Gewindes richtet sich bei der Schraubverbindung nach dem Gegenstück des flexiblen Rohrsystems.

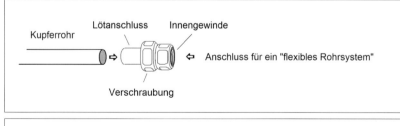

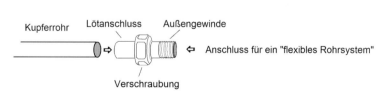

Abb. 79: oben: Konisch dichtende Löt-/Schraubverbindung mit einem Innengewinde; **unten:** Konisch dichtende Löt-/Schraubverbindung mit einem Außengewinde

Schrauben und Löten?

Eine Sanitäranlage benötigt diverse Bauteile, die mit den Leitungsrohren verschraubt werden müssen, sowie auch einige Schraubverbindungen, die eine Demontage erleichtern. Für Leitungen, die mit verlöteten Kupferrohren ausgelegt sind, bietet der Handel auch eine große Auswahl an Verschraubungen, die an einem Ende für eine Lötverbindung und am anderen Ende für eine Schraubverbindung ausgelegt sind. Die Schraubverbindung ist wahlweise entweder als Aufschraubverbindung (mit Innengewinde) oder Einschraubverbindung (mit Außengewinde) ausgeführt.

Als sehr nützlich können sich bei Wasserleitungs-Installationen manchmal Schraubverbindungen erweisen, die allein dazu dienen, dass bei Bedarf die Verbindung mit einem Bauteil oder mit einer Sektion nur durch einfaches Losschrauben gelöst werden kann. Solche Schraubverbindungen sind wahlweise als kleine selbstständige Bausteine oder auch als Anschlüsse eines Bauteiles erhältlich. Als ein praktisches Beispiel dürfte z.B. das Ventil aus Abb. 80 dienen, das an einer Seite mit einer konisch dichtenden Verschraubung versehen ist.

Als eines der Anwendungsbeispiele solcher Ventile mit konisch dichtender Verschraubung & Lötverbindung dürfte die Wasser-Zuleitung zu einem Wintergarten nach Abb. 81 dienen.

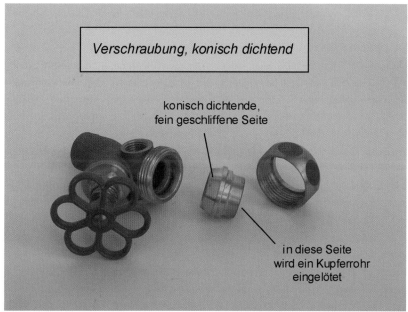

Abb. 80: Ausführungsbeispiel eines Ventils mit konisch dichtender Verschraubung

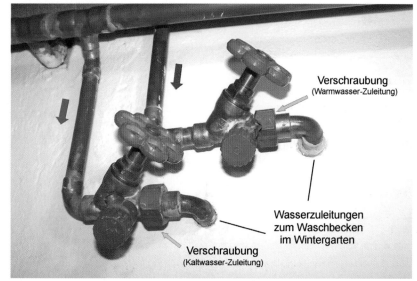

Abb. 81: Ventile mit konisch dichtender Verschraubung werden mittels Lötverbindungen an Kupferrohre angeschlossen

Neue Wasserleitungs-Anschlüsse selber machen

Ob alte Anschlüsse nur um „ein kleines Stückchen" verlängert werden müssen, oder ob eine neue Wasserleitung angelegt werden sollte, ist halb so schlimm, wenn die ursprüngliche Leitung als Kupferrohr-Leitung ausgelegt ist. Dann können die zusätzlichen Anschlüsse einfach angelötet werden.

Umständlicher wird es, wenn die bestehende Installation mit Eisenrohrleitungen ausgeführt wurde, an die man nichts anlöten, sondern nur anschweißen oder anschrauben kann. Wenn an so einer Eisenrohr-Leitung passende Verschraubungen in der Nähe der vorgesehenen Anschlussstelle vorhanden sind, kann ein Kupferrohranschluss mit Hilfe von zwei Lötmuffen mit einem Innengewinde relativ problemlos erfolgen.

Andernfalls können Sie z.B. in Eigenleistung die bestehenden Rohr-Zuleitungen in einem „bedarfsbezogenen Umfang" aus der Wand herausmeißeln, die Enden abschneiden, und für den problematischen Teil der Arbeit einen erfahrenen Handwerker einschalten. Dieser kann Ihnen z.B. in die Enden der Eisenrohre Gewinde schneiden oder das Rohr mit einer speziellen Pressverbindung versehen, von der aus Sie den Rest der Leitung in Eigenleistung erstellen können. Sie schrauben z.B. eine Löt-Muffe mit passendem Innengewinde auf das Rohr auf und führen den Rest der Leitung mit Kupferrohren und Lötfittings aus, die Sie sich erst in den vorhergehenden Tabellen, danach im Baumarkt zusammensuchen. Diese Lösung dürfte „den Weg des geringsten Widerstandes" darstellen.

Als eine Alternative zu der Kombination zwischen Selbstbau und der Zusammenarbeit mit einem Handwerker bietet sich die Anwendung von verschiedenen Klemmverschraubungen an, die jedoch z.B. an älteren Eisenrohren nicht gerade vorzeigefähig dichtend ihr Dasein fristen. Eine gute Zwischenlösung müsste zwar hypothetisch die Kombination einer Klemmverbindung mit einem wirklich guten Zweikomponenten-Metallkleber bieten, aber bei der häufig minderen Qualität der meisten Leime ist das Risiko zu hoch, dass es nicht hält (es sei denn, man hat mit einem ganz bestimmten Metall-Leim bereits gute Erfahrungen gemacht). Welchen Rohrdurchmesser Sie für einen neuen Wasserleitungs-Anschluss wählen, dürfte sich sowohl nach den subjektiven Anforderungen als auch nach dem Wasserdruck des öffentlichen Leitungsnetzes richten.

a) Wasserzuleitungen zu Wasch- und Spülbecken benötigen nur ziemlich dünne Zuleitungsrohre, deren Durchmesser ca. Ø 10 bis 12 mm nicht zu überschreiten braucht. Hier ist jedoch bei einer Warmwasserleitung Vorsicht geboten, denn die eigentliche Schleife darf den ganzen Warmwasser-Kreislauf nicht „abwürgen". Dies beinhaltet, dass sich der Leitungsdurchmesser der neuen Warmwasser-Leitungsschleife an den Durchmesser der bestehenden Leitungsrohre anpassen sollte.

b) Wenn es sich dabei um die Warmwasser-Zuleitung zu der Füllbatterie einer größeren **Badewanne** handelt, sollte der Leitungsdurchmesser lieber etwas großzügiger (z.B. Ø 18 mm) gewählt werden, um ein angemessen schnelles Füllen der Wanne nicht zu gefährden. Da beim Füllen einer Badewanne üblicherweise wesentlich mehr warmes als kaltes Wasser eingelassen wird, darf die Kaltwasser-Zuleitung mit entsprechend dünneren Rohren angelegt werden.

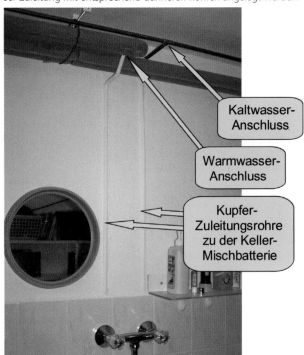

Kaltwasser-Anschluss

Warmwasser-Anschluss

Kupfer-Zuleitungsrohre zu der Keller-Mischbatterie

Abb. 82: Ausführungsbeispiel eines einfachen Wasseranschlusses für ein Keller-Spülbecken

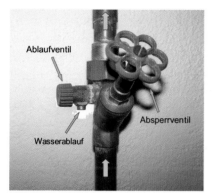

Abb. 83: Eine Wasserleitung nach außen sollte im Haus mit einem Absperrventil abschließbar sein, das über ein zusätzliches Ablaufventil verfügt – damit das Wasser aus der Außen-Wasserleitung während der kalten Jahreszeit abgelassen werden kann (ansonsten reißen die Leitungen, wenn innen das Wasser einfriert)

Abb. 84: Ein Außen-Wasserhahn kann problemlos an die Mauer angebracht werden, wenn innen im Haus (im Keller) der Kaltwasser-Anschluss vorhanden ist

c) Duschen verbrauchen relativ wenig Wasser und geben sich daher im Prinzip zufrieden mit z.B. Kupferrohr-Zuleitungen, deren Durchmesser ca. Ø 12 mm beträgt. Wenn jedoch die Dusche als kräftige Massagedusche verwendet werden soll, dürfte der Durchmesser des Warmwasserrohrs Ø 15 bis 18 mm betragen. Der optimale Durchmesser des „passenden" Kaltwasser-Zuleitungsrohrs kann sich an

Abb. 85: Eine längere Wasserleitung zu einem Gartenwasserhahn darf beliebig „untief" angelegt werden, denn das Wasser wird vor der Frostperiode ohnehin aus der Leitung abgelassen

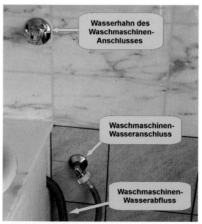

Abb. 86: Beispiel eines abschließbaren Waschmaschinen-Wasser-Anschlusses

der Gewohnheit des Anwenders orientieren: wer gerne kalt oder nur lauwarm duscht, der wird auch eine ausreichend „leistungsstarke" Kaltwasser-Zuleitung präferieren. Alle diese Überlegungen hängen jedoch davon ab, wie es mit dem Wasserdruck an dem „Standort" der Dusche aussieht, denn wenn der Wasserdruck relativ niedrig ist, ist ein größerer Durchmesser der Wasserleitungsrohre von Vorteil.

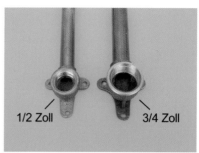

Abb. 87: Deckenwinkel sind meistens mit einem 1/2" Zoll oder 3/4" Zoll-Innengewinde versehen

d) Kaltwasser-Zuleitungen in den Garten sollten bei größeren Grundstücken so angelegt werden, dass eventuell 3/4-Zoll-Wasserschläuche verwendet werden können. Kupfer-Leitungsrohre mit einem Durchmesser von Ø 15 bis 18 mm sind dann zu empfehlen.

e) Waschmaschinen und Geschirrspülmaschinen sollten mit ca. Ø 15 bis 18 mm Kupfer-Leitungsrohren angeschlossen werden (ein Leitungsdurchmesser von mehr als Ø 15 mm ist nur bei längeren Zuleitungen empfehlenswert).

f) WC-Spülungen würden sich mit einem Rohrdurchmesser von 6 mm zufrieden geben, aber – wie auch unsere Tabellen zeigen – gibt es handelsübliche Lötfittings erst ab 8 mm. Damit erübrigen sich eventuelle weitere Überlegungen. Und wenn Sie ein 10-mm-Kupferrohr als „Restposten" vorrätig haben, werden Sie es natürlich für den WC-Anschluss verwenden – es sei denn, Sie möchten sich einen unnötigen zusätzlichen Arbeitsaufwand beim Ausstemmen der Wände ersparen (und da zählt bei längeren Zuleitungen jeder Millimeter).

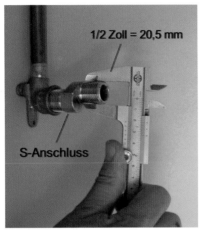

Abb. 88: Wand-Batterien werden über zusätzliche S-Anschlüsse an die Wasser-Zuleitungen angeschlossen

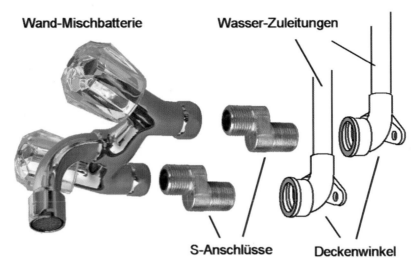

Abb. 89: Wand-Mischbatterien und Wand-Ventile werden traditionell mittels zusätzlichen S-Anschlüssen an Deckenwinkel angeschlossen, die als Zuleitungs-Anschlüsse dienen. Nur für einige der „moderneren" Wasserleitungssysteme mit Alu- oder Kunststoff-Rohrleitungen werden Hersteller bezogene Anschluss-Winkel verwendet, die zwar dieselbe Funktion erfüllen, aber eine andere Form haben.

Anschlüsse für Wasserhähne, Mischbatterien oder Wasserzuleitungen zu Wasch- und Geschirrspülmaschinen werden an den Enden der Rohrleitungen üblicherweise mit Deckenwinkeln nach Abb. 79 versehen, die mit einem 1/2-Zoll-Innengewinde (Innendurchmesser ca. 18,7 mm) oder 3/4-Zoll-Innengewinde (Innendurchmesser ca. 24 mm) versehen sind. Dies ist eigentlich der einzig wichtige Parameter, auf den beim Kauf eines Deckenwinkels zu achten ist. Abgesehen davon hat man die Wahl zwischen Deckenwinkeln mit drei oder mit nur zwei Montage-Löchern für Schrauben.

Die Kupferrohr-Lötanschlüsse solcher Deckenwinkel (aus Rotguss) sind bei den meisten 1/2-Zoll-Deckenwinkeln für Kupferrohre Ø 15 mm, bei den 3/4-Zoll- Deckenwinkeln für Kupferrohre Ø 18 mm vorgesehen.

Für Anschlüsse, die unterhalb von Wasch- und Spülbecken bzw. innen in der Badewannen-Ummantelung mit den üblichen Eckventilen versehen sind, müssen die Innengewinde der Deckenwinkel auf die vorgesehenen Eckventile (meistens 1/2 Zoll) abgestimmt werden. Deckenwinkel, die für Wandanschlüsse vorgesehen sind, sollten mit dem Gewinde der vorhandenen S-Anschlüsse (Abb. 88/89)- die meistens ebenfalls mit einem 1/2-Zoll-Gewinde an beiden Enden ausgelegt sind – übereinstimmen.

Es gibt jedoch auch reduzierte S-Anschlüsse, deren eines Gewinde als 1/2-Zoll und das andere als 3/4-Zoll ausgelegt ist.

Die Deckenwinkel (Abb. 87) werden mit zwei oder drei Schrauben (plus Dübel) in der Wand festgeschraubt – auch wenn sie nachher verputzt werden sollen, denn andernfalls könnte der Putz beim Einschrauben der Eckventile oder S-Anschlüsse reißen.

Unser Tipp:

Wenn Sie die Möglichkeit haben, sollten Sie beim Kauf neuer Eckventile oder S-Anschlüsse darauf achten, dass ihr „Wandeinschraub-Gewinde" bereits herstellerseitig mit einem speziellen Nylon Dichtungsring versehen ist. Das erspart Ihnen Probleme mit dem „altmodischen" Einhanfen des Gewindes (abgesehen davon müssten Sie ansonsten möglicherweise wegen eines einzigen Eckventils Hanf und Gewinde-Dichtungspaste kaufen). Wie wir schon an anderer Stelle erwähnt haben, sollte vor allem ein S-Anschluss, an dem höchstwahrscheinlich etwas hin und her gedreht wird, nicht mit einem dünnen Dichtungs-Nylonband anstelle von Hanf abgedichtet werden, denn in so einem Band entstehen dabei leicht Risse, die Wasser durchlassen.

Neue Wasserleitungs-Anschlüsse selber machen

Standventile
1/2", Anschluß über
gebördeltes Rohr
ø 10 mm oder Druck-
schlauch.

Einloch-Batterien
1/2", Anschluß über
Zulaufrohre ø 10 mm.

**Zweiloch-
Batterien**
1/2", An-
schlüsse über
gebördelte
Rohre ø 10 mm
oder Druck-
schläuche.

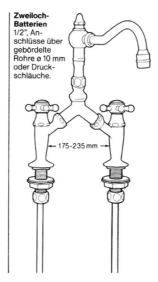

Dreiloch-Batterien
für Waschtische und Wannen
bei Seitenventilen 1/2":
Anschlüsse 1/2" x 1/2" x 300 mm oder 500 mm
bei Seitenventilen 3/4":
Anschlüsse 1/2" x 3/4" x 500 mm

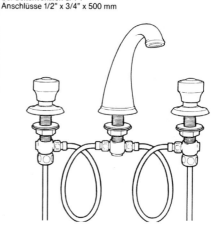

Vierloch-Batterien
für Wanneneinlauf plus Brause
bei Seitenventilen 1/2": Anschlüsse 1/2" x 1/2" x 500 mm
bei Seitenventilen 3/4": Anschlüsse 1/2" x 3/4" x 500 mm
Verbindung zur Schlupfbrause: 1/2" x 2000 mm

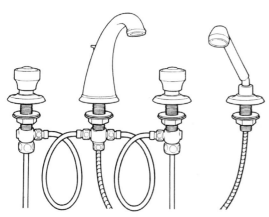

Fünfloch-Batterien
für Wanneneinlauf plus Brause
Verbindungen vom Seitenventil zum Vier-Wege-Ventil
bei Seitenventilen 1/2": Anschlüsse 1/2" x 1/2" x 500 mm
bei Seitenventilen 3/4": Anschlüsse 3/4" x 1/2" x 500 mm
Verbindung zur Schlupfbrause: 1/2" x 2000 mm
Verbindung zum Wanneneinlauf: 1/2" x 1/2" x 1000 mm

Abb. 90: Montagebeispiele von Tisch-Batterien, die jeweils über abschließbare Eckventile an Deckenwinkel angeschlossen werden (Werkzeichnung WICO)

Waschtisch/Waschbecken montieren

Erforderliches Werkzeug

a) Schlagbohrmaschine +
   gute Steinbohrer

b) Passender Ring- oder
   Gabelschlüssel

c) Wasserwaage

d) Glasbohrer
   (wenn in Fliesen gebohrt wird)

Benötigte Hilfsmittel:

Fugensilikon

Benötigte Arbeitszeit:

ca. 2 Stunden

Einen Waschtisch bzw. ein Waschbecken zu montieren ist nicht schwierig, denn meist müssen dafür in der Wand nur zwei bis drei Schrauben angebracht werden. Die benötigten Schrauben sind - inklusive der passenden Dübel – als Zubehör dabei. Einer ebenfalls beigepackten Bedienungsanleitung können Sie entnehmen, wie und wie hoch so ein Becken an der Wand befestigt werden soll (der theoretische Richtwert für die Montagehöhe vom oberen Rand des Waschbeckens liegt zwischen 82 und 86 cm).

Am wichtigsten ist hierbei, dass die Bohrlöcher für die Dübel möglichst sehr genau in die Wand eingebohrt werden. Ausgesprochen genau geht am Bau – und somit auch in dieser Branche – gar nichts. Wenn Sie sich jedoch vornehmen, die Bohrungen millimetergenau zu schaffen, wird es Ihnen höchstwahrscheinlich gelingen, dass Sie nicht so weit „danebenschießen", wie jemand, der sich von vorne herein sagt, dass es auf „paar Millimeter" hin oder her nicht ankommt.

Am genauesten lassen sich solche Bohrungen bei einer befliesten Mauer und am schwierigsten bei einer weich und dick verputzten Mauer anbringen. Es lohnt sich, wenn wir uns einzelne Schritte dieser „Herausforderung" näher ansehen:

Schritt 1

Abmessung

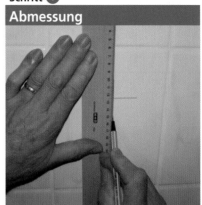

Messen Sie alles genau aus und zeichnen Sie mit einem dünnen Filzstift die Bohrstellen als Kreuze auf die Fliesen ein. Messen Sie mindestens zweimal alles aus und lassen Sie das „Endergebnis" sicherheitshalber noch von einer anderen Person überprüfen. Besprechen Sie vorher mit allen Familienmitgliedern den optimalen Platz und die optimale Höhe des Beckens. Sollte es zu keiner zufrieden stellenden Einigung kommen, kein Problem: es gibt auch elektrisch höhenverstellbare Wachbecken-Halterungen (für die müssen Sie allerdings noch etwas mehr Löcher in die Wand bohren und erheblich mehr Geld auf den Tisch blättern).

Schritt ②

Vorbohren

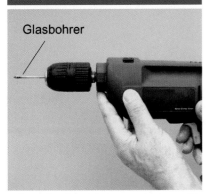

Glasbohrer

Bohren Sie die Löcher erst mit einem feinen Bohrer möglichst genau vor. Auf Fliesen sollten die Vorbohrungen erst mit einem ca. Ø 3 bis 4 mm großen Glasbohrer (auf Putz mit einem ca. 4 mm-Steinbohrer) vorgebohrt werden. Bei der Vorbohrung in Fliesen darf die Bohrmaschine nicht auf Schlagbohren, sondern nur auf normales Bohren geschaltet werden. Bei der Vorbohrung in eine verputzte Mauer sollte die Bohrmaschine nicht auf eine zu hohe Drehzahl eingestellt werden – andernfalls lässt sich der Bohrer nicht genau führen und gleitet leicht seitlich weg.

Schritt ③

Nachbohren

Bohren Sie die vorgebohrten Löcher mit einem scharfen Steinbohrer nach, der um 1 mm größer ist, als der vorhergehende Glasbohrer. Versuchen Sie dabei eventuelle Abweichungen bei den Vorbohrungen dadurch etwas zu korrigieren, dass Sie die Bohrmaschine beim Bohren seitlich in die gewünschte Richtung drücken. Solange Sie durch die eigentlichen Fliesen bohren, sollte die Bohrmaschine nur auf Bohren – nicht auf Schlagbohren – eingestellt sein. Halten Sie dabei die Fliesen nass. Nachdem der Bohrer durch die Fliesen durchgedrungen ist und nur noch in die Mauer bohrt, wird die Bohrmaschine auf Schlagbohren umgeschaltet. Führen Sie weitere Bohrungen durch Fliesen mit mehreren, im Durchmesser abgestuften scharfen Steinbohrern aus. Wenn z.B. für den Dübel eine Bohrung von Ø 12 mm erforderlich ist, können die Löcher in die Fliesen nach und nach mit Bohrern von Ø 5 mm – Ø 6 mm – Ø 8 mm – Ø 10 mm und Ø 12 mm gebohrt werden. Auch hier wird durch die

Wichtig:

Achten Sie beim Bohren darauf, dass die Bohrlöcher (und somit die Dübel) nicht schief in der Mauer sitzen, denn das hat zur Folge, dass danach die Befestigungsschrauben des Porzellan-Beckens die Stelle unter der Schraube nur an einer zu kleinen Fläche gegen die Wand andrücken. Dadurch ist das Porzellan des Beckens einer großen und unausgewogenen mechanischen Spannung ausgesetzt und kann beim Festdrehen der Schraube zerspringen.

Fliesen einfach gebohrt und erst wenn der Bohrer in die Mauer durchgedrungen ist, wird die Bohrmaschine auf Schlagbohren umgeschaltet (ansonsten könnten die Fliesen reißen).

Waschtisch/Waschbecken montieren

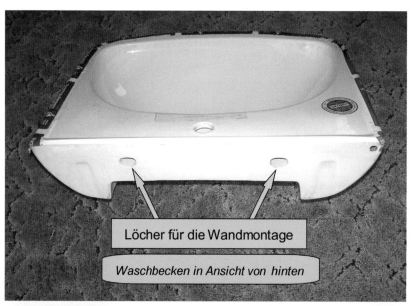

Löcher für die Wandmontage

Waschbecken in Ansicht von hinten

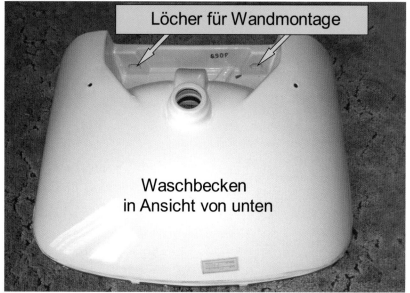

Löcher für Wandmontage

Waschbecken
in Ansicht von unten

In der Montageanleitung jedes Waschtisches bzw. Waschbeckens wird aufgeführt, welchen Durchmesser die Bohrungen für die Dübel haben sollen, und aus den beiliegenden Montage-Schrauben mit Scheiben geht ebenfalls hervor, wie eine solche Neuanschaffung befestigt wird. So liegen z.B. einigen größeren Waschtischen (wie große Waschbecken auch bezeichnet werden) oft Schrauben bei, die als Gewindestifte (Stockschrauben) in die Mauerdübel eingeschraubt werden, und danach wird der Waschtisch erst (nach Abb. 92) mit Muttern an die Wand angeschraubt. Diese Montage sollte grundsätzlich nicht mit einer Wasserpumpenzange, sondern mit einem ordentlichen Gabelschlüssel erfolgen.

Die Art der Befestigung kann bei den Waschtischen bzw. Waschbecken sehr unterschiedlich sein. So werden z.B. diverse speziellere Ausgussbecken (Abb. 94) nur auf Konsolen (nach Abb. 95) aufgesetzt.

Nach der Montage kann der Schlitz zwischen einem Porzellan-Waschbecken und den Fliesen mit einem Sanitär-Silikon einsilikoniert werden, das dieselbe Farbe hat, wie das Waschbecken.

Abb. 91: Kleinere Porzellan-Waschbecken haben meist nur zwei Befestigungs-Löcher (größere Waschbecken bzw. Waschtische haben meist drei Befestigungslöcher). Porzellan-Waschbecken sind schwer und werden bevorzugt mit M8- bis M12-Stockschrauben in Kunststoffdübeln an der Wand befestigt (für kleinere Porzellan-Waschbecken genügen M8-Stockschrauben, für große Porzellan-Waschtische sind M12-Stockschrauben angesagt)

Waschtisch/Waschbecken montieren

Abb. 92: Größere Waschtische werden oft mit Muttern auf Gewindestifte aufgeschraubt, die vorher in die Mauer eingeschraubt wurden

Abb. 94: Speziellere Porzellan-Ausgussbecken werden meist nur auf Konsolen aufgesetzt

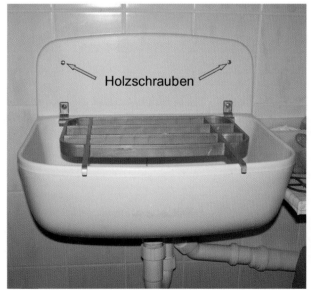

Abb. 93: Kunststoff-Waschbecken werden oft mit kleineren Holzschrauben (plus Dübel) an der Wand befestigt

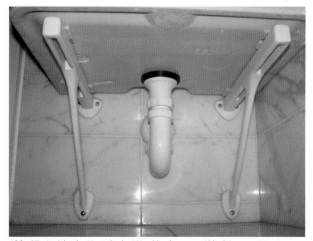

Abb. 95: Ansicht der Konsole des Waschbeckens aus Abb. 94 von unten

Waschtisch/Waschbecken montieren

Abb. 96a: Für die Wandbefestigung eines Porzellan-Spültisches/Waschbeckens eigen sich am besten sogenannte Stockschrauben, die entweder als einzelne Bauteile (wie oben abgebildet) oder als komplette Waschtisch-Befestigung mit Dübeln, Unterlegscheiben und Sechskantmuttern (wie unten abgebildet) in Baumärkten und im Fachhandel erhältlich sind

Abb. 96b: Mauer-Unebenheiten können vor der Wandmontage eines Porzellan-Waschtisches mit einem speziellen weichen (und selbstklebenden) Montagestreifen ausgeglichen werden, die ca. 3 mm stark und 36 mm breit sind

2 Muttern

Stockschraube für die Waschtisch-Befestigung

Gabelschlüssel

Ratsche

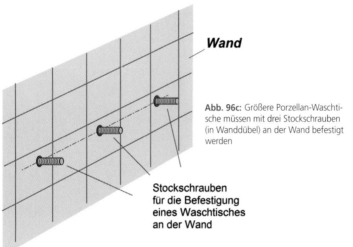

Wand

Abb. 96c: Größere Porzellan-Waschtische müssen mit drei Stockschrauben (in Wanddübel) an der Wand befestigt werden

Stockschrauben für die Befestigung eines Waschtisches an der Wand

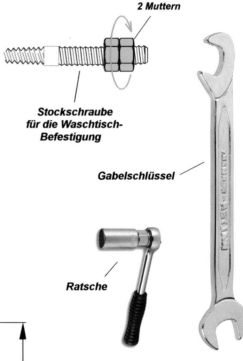

Abb. 96d: Um eine Stockschraube in den Wanddübel angemessen fest montieren zu können, werden an der Schraube (vorübergehend) zwei Muttern kräftig zusammengedreht, mit deren Hilfe sie sich dann mit einem Gabelschlüssel oder mit einer Ratsche leicht einschrauben lassen

Waschtisch

Warmwasser-Zuleitung

Kaltwasser-Zuleitung

Abfluss

80 mm bis 150 mm

575 mm

635 mm

850 mm

Fußboden

Abb. 96e: Informative (unverbindliche) Maßzeichnung für die Installation eines Wand-Waschtisches, bei dem die Wasser-Zuleitungen unten sind

Neuer Abfluss nötig?

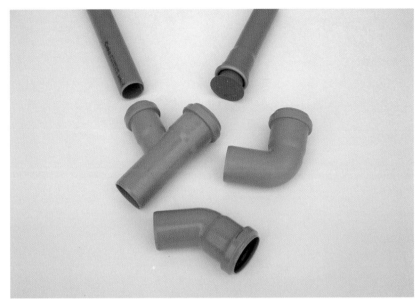

Abb. 97: Mit Hilfe von diversen Bögen und Abzweigen können Abflussrohre leicht miteinander verbunden werden

Mit Ausnahme von Wasserzuleitungen in den Garten braucht jede neu installierte Wasser-Zuleitung auch einen neuen Abfluss. Das Gute an der Sache ist, dass die erforderlichen Abflussrohre in großer Auswahl und in verschiedenen Ausführungen (Abb. 96) erhältlich sind, und nur durch Zusammenstecken miteinander verbunden werden können. Das weniger Erfreuliche an der Sache ist, dass die dünnsten Abflussrohre einen Durchmesser von mindestens Ø 40 mm haben, was zur Folge hat, dass massive Wände aufgestemmt werden müssen, um ausreichend breite und tiefe Leitungsschlitze anbringen zu können.

Verschont bleibt man von diesem Aufwand nur, wenn sich die Abflussrohre einbauen oder verblenden lassen bzw. wenn es sich um Abflüsse in Räumen (worunter z.B. in Kellerräumen) handelt, bei denen in Kauf genommen werden kann, dass sie sichtbar bleiben.

Als Abflussrohre (Abwasserrohre) werden im Haus die sogenannten „HT-Rohre" verwendet. Das sind heißwasserbeständige und schwer entflammbare graue Rohre, die mit Durchmessern von Ø 40, 50, 70 und 100 mm erhältlich sind. Üblicherweise fängt man im Haushalt mit den dünneren Abflussrohren von Ø 40 bis 50 mm an. Rohre mit einem Durchmesser von Ø 100 mm werden nur für WC-Abflüsse und senkrechte Fallleitungen verwendet, die in den Keller – und von dort in die Kanalisation führen.

Ansonsten verlaufen die „dünneren" Abflussrohre in der Wand – bzw. auch freiliegend – mit Gefälle und münden dann entweder in Rohre mit einem Durchmesser von 70 mm (wenn dabei kein WC-Abfluss ist) oder sie münden einzeln in Fallleitungen, die mit Ø 70 bis 100 mm-Rohren ausgelegt sind. Fallleitungen oder „Sammelleitungen" mit Ø 70 mm-Rohren dürfen nur für Abflüsse verwendet werden, an denen kein WC-Abfluss angeschlossen ist (andernfalls würde es sonst in zu dünnen Abflussrohren ständig Verstopfungen geben).

Abb. 98: Auf den dichtenden Gummi-Ring der Kunststoffrohr-Verbindung wird vor der Montage Schmierseife aufgetragen

Die HT-Rohre, Bögen und Abzweigen haben jeweils an einer ihrer Seiten eine Verbindungs-Muffe, die mit einem dichtenden Gummiring versehen ist. Auf diesen Ring wird vor der Montage Schmierseife, flüssige Seife oder Spülmittel (nach Abb. 98) vollflächig aufgetragen. Auch an das Ende des HT-Gegenstücks, dass in die Gummi-Dichtung eingesteckt werden soll, wird Schmierseife aufgetragen, damit sich die Rohre leicht zusammenstecken lassen.

Neuer Abfluss nötig?

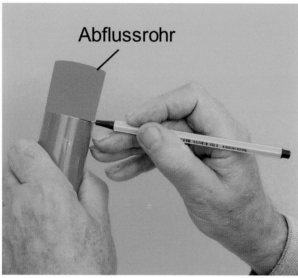

Abb. 99: Ein Streifen Papier, der bündig um das Rohr herumgewickelt wird, erleichtert Ihnen das Einzeichnen einer Linie, an die Sie sich beim Rohrabschneiden halten können

Schneiden lassen sich diese Rohre am besten mit einer Eisensäge. Wenn Sie um das Rohr nach Abb. 99 bündig einen Papierstreifen herumwickeln, können sie den Papierrand als ein „Lineal" verwenden, um das Sie mit einem Filzstift die Schnittlinie einzeichnen können. Das abgeschnittene Ende des HT-Rohrs ist nachher mit einer Feile schräg (und glatt) abzufeilen, damit es sich in das Gegenstück leicht hineinstecken lässt: versuchen Sie es einfach so abzufeilen, dass es ähnlich aussieht, wie die Ränder der anderen „Original-Stükke".

Bliebe noch darauf hinzuweisen, dass Fallleitungen zwar unten in die Kanalisation führen, aber oben – also an der anderen Seite – quasi ähnlich wie Schornsteine bis über das Dach geführt werden und dort offen bleiben – allerdings in der Form eines Lüftungs-Austrittes. Auf diese Weise werden die Geruchsverschlüsse der Sanitäranlage davor geschützt, dass ihnen durch gelegentlichen Unter- oder Überdruck im Abwassersystem das Wasser entzogen wird.

Eine derartige Sogwirkung kann z.B. bei einem kräftigen Regen dadurch verursacht werden, dass das Regenwasser das hauseigene Abwassersystem derartig „überfüllt", dass es sich wie eine Pumpe manifestiert. Dabei kann es vorkommen, dass durch die Sogwirkung dieser „Pumpe" das Wasser aus den Geruchsverschlüssen derartig herausgesaugt wird, dass sie bis zu dem nächsten „Waschvorgang" offen bleiben. Dies hat zur Folge, dass all die „paradiesischen Düfte" aus der öffentlichen Kanalisation ungehindert in das Haus durch solche „offengesaugte" Geruchsverschlüsse hineindringen können.

Wenn in einem älteren Haus die Steigleitungen nicht mit solchen Dach-Entlüftungen versehen sind, kann ein nachträglicher Einbau am besten im Zusammenhang mit einer Badrenovierung vorgenommen werden. Oft genügt ein einziges Entlüftungsrohr (HT-Rohr) mit einem Durchmesser von Ø 40 bis 50 mm, das eventuell auch nur durch die Mauer herausgeführt werden kann. In Hinsicht auf das Aroma, das aus dieser Entlüftung mehr oder weniger laufend empor steigt, sollte diese Entlüftung ausreichend hoch oberhalb von allen Fenstern bzw. unterhalb der Dachrinne installiert werden.

118

Renovierungen in WC und Bad

Wenn Sie Ihr WC-Becken, Ihre Dusche oder Ihre Badewanne erneuern möchten, werden Sie sich sicherlich erst darüber erkundigen, was es auf diesem Gebiet alles gibt. Bei der Gelegenheit werden Sie auch Prospekte und Einbau-Anleitungen sammeln, die Sie im Handel kostenlos erhalten. Sie werden feststellen, dass jede Renovierung überwiegend mit Arbeiten verbunden ist, wie sie hier beschrieben wurden. Es kommen zwar gelegentlich noch bautechnische Aufgabenlösungen dazu – wie z.B. die Erstellung eines Badewannen-Roh-Umbaus (aus zusammengeleimten Gasbeton-Elementen) oder der Einbau einer Duschkabine, aber auch das sind im Grunde genommen nur einfache Aufgaben.

Die Erneuerung eines WC-Beckens kann – je nach dem Vorhaben – entweder sehr einfach oder auch ziemlich kompliziert werden. Sehr einfach wird es, wenn auf dieselbe Stelle ein Becken derselben Bauart montiert wird:

Das WC-Becken ist auf dem Fußboden meisten nur mit zwei Schrauben befestigt. Wenn diese herausgeschraubt werden, hält das Becken nur noch an dem Rohr der WC-Spülung fest. Das lässt sich jedoch leicht demontieren und herausnehmen – und danach heißt es für das alte Becken „ab die Post".

So viel Glück kann der Mensch gar nicht haben, dass das neu angeschaffte WC-Becken in die Vorbohrungen (und Dübel) des alten Beckens passt. Hauptsache, es passt der Rest, denn zwei Löcher für zwei Dübel in den Fußboden zu bohren ist ja nicht so schwierig. Um dabei die Bodenfliesen nicht zu zerkratzen, sollte das **Vorbohren** bevorzugt mit einem Glasbohrer erfolgen (ähnlich, wie es im Zusammenhang mit dem Thema „Waschtisch/Waschbecken montieren" erläutert wurde).

Beim Bohren von Fliesen besteht immer die Gefahr, dass die eine oder andere Fliese zerbricht, bzw. dass in ihr Risse entstehen. Solche „Überraschungen" hängen unter anderem sowohl von dem Material der Fliese als auch davon ab, wie gut die Fliese unter der Bohrstelle an dem Untergrund (Fliesenkleber) haftet. Fliesen werden oft nur mit einigen Klecksen verlegt, wodurch unter ihnen viele Leerräume entstehen. Abgesehen davon hängt der Erfolg auch davon ab, wie und womit in die Fliesen gebohrt wird.

Ein Vorbohren mit einem Glasbohrer (Durchmesser ca. Ø 4 bis 5 mm) verhindert nicht nur unnötiges Bekratzen der Fliesen, sondern verhindert vor allem, dass beim Bohren die Fliesen zerbrechen, in den Ecken abbrechen oder reißen.

Wichtig: Das Vorbohren mit dem Glasbohrer sollte **ohne** die Umschaltung der Bohrmaschine auf **„Schlagbohren"** erfolgen (in manchen Hobby-Büchern wird zwar fälschlich das Schlagbohren auch beim Bohren von Fliesen empfohlen, aber das dürfte nur auf eine mangelnde Erfahrung des Verfassers zurückgeführt werden).

Bei diesem Schritt braucht mit dem Glasbohrer nicht tiefer gebohrt werden, als in Abb. 100a grün eingezeichnet ist: es genügt, wenn nur die Fliese vorgebohrt wird, denn ein weiteres Bohren in

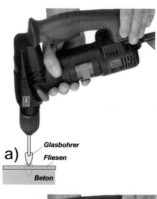

a) Glasbohrer
Fliesen
Beton

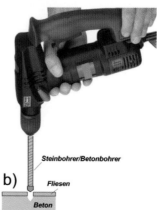

b) Steinbohrer/Betonbohrer
Fliesen
Beton

Abb. 100: Bohren von Fliesen und von brüchigem Steinzeug: a) Vorbohren mit einem Glasbohrer; b) Nachbohren mit einem Steinbohrer/Betonbohrer

den Betonfußboden oder in eine Mauer strapaziert unnötig den Glasbohrer. Anschließend wird der Rest der Bohrung bevorzugt mit Stein- oder Betonbohrern fortgesetzt, deren Durchmesser so abgestuft werden, dass die Bohrung(en) Schritt für Schritt mit zunehmend „dickeren" Bohrern durchgeführt werden.

Beispiel: Wenn (für 8-mm-Dübel) Bohrungen von Ø 8 mm vorgesehen sind und Sie haben die Vorbohrungen mit einem 4 mm-Glasbohrer ausgeführt, sollte der erste Stein- oder Betonbohrer möglichst perfekt scharf (neu) und bevorzugt in der Größe von ebenfalls 4 mm sein. Da Sie mit diesem Bohrer nur in das Mauerwerk oder in den Betonboden bohren, wird nun die Bohrmaschine auf Schlagbohren (also auf „Hämmern") umgeschaltet. Die Tiefe dieser ersten Vorbohrungen dürfte ungefähr der Länge der vorgesehenen Schrauben entsprechen.

Als nächstes kommt eine zweite Vorbohrung. Im Idealfall sollte sie mit einem Steinbohrer durchgeführt werden, der nur um eine Stufe „dicker" ist als sein Vorgänger. Das wären also 5 mm. Jetzt ist höchste Vorsicht am Anfang des Bohrens geboten, bei dem jeweils die eigentliche Fliese durchgebohrt wird. Die Bohrmaschine wird für diese „kurze Fliesendurchgangs-Strecke" wieder auf normales Bohren (nicht auf Schlagbohren) geschaltet. Erst nachdem die Bohrer-Spitze die Fliesenkleber-Schicht erreicht hat, wird die Bohrmaschine auf Schlagbohren umgeschaltet und die Bohrung wird bis in die vorgesehene Tiefe vollendet.

Weitere Bohrungen erfolgen in diesem Beispiel erst mit einem 6-mm-, im weiteren Schritt mit einem 8-mm-Bohrer. Auch hier wird während der Durchbohrung der Fliese die Bohrmaschine nur auf Bohren und jeweils erst anschließend auf Schlagbohren umgeschaltet. Einige Fliesen lassen sich leichter bohren, wenn sie vorher genässt wurden. Bei Wandfliesen kann z.B. in die vorgebohrten Löcher Wasser hineingesprüht werden.

Bei Bohrungen für WC-Becken kann es vorkommen, dass in einem Betonfußboden ein Eisenstab der Armierung hartnäckig im Wege steht. Mit einem solchen Hindernis kommt ein Betonbohrer nicht zurecht, Hier muss ihm ein normaler Stahlbohrer (Eisenbohrer)

den Weg ebnen. Der Stahlbohrer wird zwar bei solch einer Herausforderung sehr schnell stumpf werden (denn er wird auch teilweise in harte Steine beißen müssen), aber es gibt keine bessere Alternative. Zumindest nicht in einem bereits fertigen Haus, in dem das WC-Becken auf dem Boden steht. Handelt es sich dagegen um einen Neubau oder Umbau, der noch bauliche Improvisationen erlaubt, dann dürfte eventuell als eine überlegenswerte Alternative ein Wand-WC-Becken in Betracht gezogen werden. Allerdings nicht in dem Zusammenhang, dass man sich dadurch das Bohren von zwei Löchern in den Fußboden erspart, denn der Arbeitsaufwand ist bei dem Einbau eines Wandklosetts – im Zusammenhang mit dem Einbau des Wandeinbau-Spülkastens – ganz schön groß.

Ziemlich kompliziert kann es werden, wenn man das neue WC-Becken an einer anderen Stelle haben möchte, denn das „dicke" Abflussrohr ist in der Regel im Fußboden fest einbetoniert. Aber wie es so schön auch schon in der Bibel steht: „Wo ein Wille ist, ist auch ein Weg" (frei interpretiert).

Und manchmal ist es zu empfehlen, dass man sich vorübergehend lieber etwas mehr Arbeit zumutet, als dass man sich danach Jahrzehnte über etwas ärgern muss, was als Störfaktor ständig präsent ist.

Unter Umständen kann es sich auch bei der Neuinstallation einer Dusche oder Badewanne ergeben, dass die Abwasser-Rohre anders bzw. neu verlegt werden müssen. Hier können allerdings nur die bereits anderweitig angesprochenen HT-Rohre mit einem Durchmesser von Ø 40, 50 oder 70 mm für diesen Zweck angewendet werden, die z.B. unter der Badewanne oder unter der Dusche zumindest teilweise auch oberhalb des Fußbodens verlegt werden können.

Die eigentlichen Wasser-Zuleitungen lassen sich dagegen relativ leicht verlegen. Allerdings sollte die Warmwasser-Zuleitung zumindest „ein bisschen" wärmeisoliert werden. Zu kritisch ist es hier mit der Wärmeisolierung nicht, denn das warme Wasser fließt hier nicht ständig, aber die Rohrleitungen müssen ohnehin erst z.B. mit Filz- oder Schaumstoffstreifen umwickelt werden, bevor sie verputzt werden (sowohl in Hinsicht auf die Ausdehnung bei Temperaturveränderungen als auch in Hinsicht auf den Schutz gegen den aggressiven Kalk).

WC und Bad selber neu errichten

Fliese als Revisionsöffnung

Abb. 101: Ausführungsbeispiel einer Wannenablauf-Revisionsöffnung, die im Selbstbau ohne einen zusätzlichen Rahmen erstellt wurde und in geschlossenem Zustand praktisch unsichtbar ist

Der Selbstbau von Wasser-Zuleitungen und Wasser-Abflüssen wurde hier in Zusammenhang mit anderen Aufgabenbewältigungen ausreichend erläutert, und Sie konnten sich ein Bild darüber machen, wie Sie eventuell eigenhändig solche Vorhaben in Angriff nehmen könnten.

Ein neues Bad und/oder WC wird oft in einem neuen Dachausbau errichtet, dessen Wände aus Gipsfaserplatten bestehen, hinter denen viele der Zuleitungen leicht angebracht werden können. Hier entfällt dann z.B. bei der Installation einer Dusche (Dusch-kabine) das Aufstemmen der Wände, da vieles an der Wand-Rückseite installiert werden kann.

In vielen Altbauten kann man wiederum bei der Errichtung eines neuen Badezimmers oder einer neuen Toilette davon profitieren, dass da alte Holzfußböden liegen, die entweder ohnehin herausgerissen werden oder die zumindest das Verlegen von Abwasserrohren erleichtern. Die baulichen Gegebenheiten – und natürlich auch die individuellen Vorstellungen von dem Umfang der Renovierung – sind allerdings zu unterschiedlich, um konkrete Bauanleitungen verfassen zu können. Hier muss daher eine angemessene Portion von persönlicher Kreativität zum Einsatz kommen – wobei das aus diesem Buch erworbene Wissen die einzelnen Aufgabenbewältigungen erheblich erleichtern dürfte.

Dasselbe gilt auch für die Neuerrichtung eines Badezimmers in einem neueren Haus. Solche Vorhaben ergeben sich jedoch oft nur im Zusammenhang mit einem Umbau oder Anbau, wobei die erforderlichen baulichen Maßnahmen in dem ganzen Projekt integriert werden können.

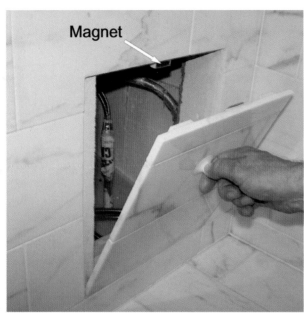

Abb. 102: Eine größere Revisionsöffnung für Wasseranschlüsse befindet sich auf der Rückseite der Wanne und die Abdeckung wurde ebenfalls ohne einen optisch störenden Rahmen erstellt

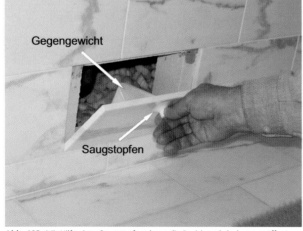

Abb. 103: Mit Hilfe eines Saugstopfens kann die Revisionsabdeckung geöffnet werden (gehalten wird sie nur durch ein an ihr angeleimtes Gegengewicht)

Abb. 104: Festgehalten wird diese Revisionsabdeckung von einem Möbel-Magneten

Whirlpools

Whirlpools

Eine Whirlpool-Badewanne wird auf die-selbe Weise installiert, wie jede normale Wanne auch, benötigt jedoch einen zusätzlichen Stromanschluss, der nach den Sicherheitshinweisen des Whirlpool-Herstellers errichtet werden muss.

Es gibt drei Whirlpool-Grundsysteme:

- **AIR-Whirlpoolsystem**
- **HYDRO-Whirlpoolsystem**
- **COMBI-Whirlpoolsystem**

Wie schon die Bezeichnungen verraten, handelt es sich bei dem AIR-Whirlpoolsystem um ein Luftsprudelsystem, bei dem ein eingebautes Gebläse die Luft ansaugt, vorwärmt und durch Luftgebläsedüsen in den Wannenboden der Whirlpool-Wanne befördert. Etwas Ähnliches macht eigentlich Ihr Staubsauger auch – vor allem, wenn Sie länger saugen (da strömt aus ihm auch warme Luft heraus, sobald sich sein Elektromotor etwas aufgeheizt hat). Bei dem AIR-Whirlpoolsystem verwirbeln jedoch die aufsteigenden Luftblasen das Wasser in der Wanne und damit auch den Körper des „Anwenders".

Hydro-Whirlpool-Systeme massieren nicht mit Luft, sondern – wie auch hier der Name andeutet – mit Wasser. Das Badewasser wird durch eine Pumpe angesaugt und kräftig in die Badewannen-Massagedüsen hineingepumpt. Der Wasserstrahl erzeugt dabei im Inneren der Düsen einen Unterdruck (nach dem sogenannten „Venturi Prinzip"). Durch diesen Unterdruck wird die Badezimmerluft angesaugt und mit dem Wasserstrahl vermischt. Die Luftmenge –

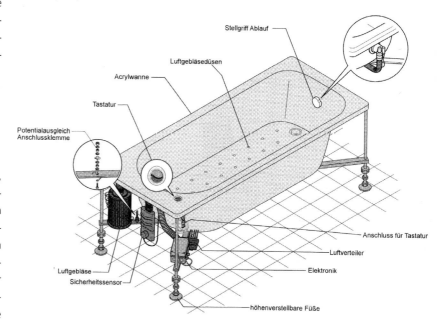

Abb. 105: Zeichnerische Darstellung der Bauteilen-Anordnung des AIR-Whirlpoolsystems von Ideal-Standard

und damit die Wirkung des Wasserstrahls – lässt sich über einen Zuluft-Regler individuell einstellen. Auch der Wasserstrahl (die Pumpenleistung) ist als „Massagestrahl-Intensität" an einer Tastatur einstellbar.

Als „Dritte im Bunde" gibt es noch die „Combi-Whirlpoolsysteme", die über beide Massage-Arten verfügen. Das Wassermassage- und Luftsprudelsystem kann je nach „Lust und Laune" entweder einzeln oder gleichzeitig genutzt werden. Das „Kräfteverhältnis" beider Massagesysteme kann dabei meist ebenfalls individuell eingestellt werden. Manche Whirlpool-Wannen verfügen

auch noch über eine Intervall-Schaltung, die z.B. die Zuluftbeimischung zyklisch verändert.

Wie Sie der Abb. 105 entnehmen können, ist in einer AIR-Whirlpool-Wanne auch so etwas Ähnliches eingebaut, wie in einem „Staubsauger", der eingangsseitig saugt, ausgangsseitig (durch Düsen im Wannenboden) bläst.

Die elektronische Steuerung ist hier so konzipiert, dass das Gebläse nach dem Auslassen des Wassers aus der Wanne noch das verbleibende Restwasser aus den Düsen heraus bläst und diese trocknet.

Whirlpools

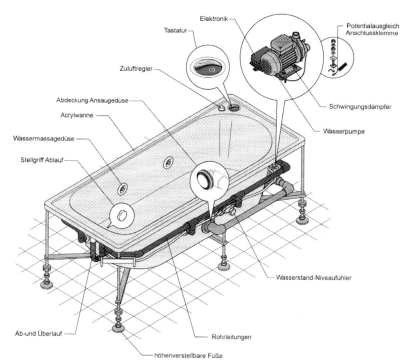

Abb. 106: Zeichnerische Darstellung der Bauteilen-Anordnung des HYDRO-Whirlpoolsystems von Ideal-Standard

Die elektromechanische Ausstattung eines HYDRO-Whirlpoolsystems (Abb. 106) unterscheidet sich von der Ausstattung eines Air-Systems vor allem dadurch, dass sie für das Wasserpumpen anstelle des elektrischen Gebläses eine elektrische Pumpe benötigt.

Bei einem COMBI-Whirlpoolsystem (Abb. 107) ist das AIR- System, mit dem HYDRO-System kombiniert.

Bei Whirlpool-Badewannen gehobener Preisklassen besteht das Zubehör aus diversen weiteren (meist kleineren) Komponenten wie Wasserstand-Niveaufühlern, Temperatursensoren und evtl. anderen Sensoren, die eine Kontrollfunktion erfüllen. Die meisten dieser Fühler lassen sich zwar leicht auswechseln, aber echte Defekte können in „Eigenleistung" nur bei solchen Fühlern gefunden werden, die über einen internen Schalter verfügen, dessen Funktionsweise kontrollierbar (z.B. mit einem Ohmmeter messbar) ist.

Einige dieser Reparaturen setzen allerdings etwas mehr Fachwissen voraus, dass Sie sich bei Bedarf auch aus diversen unserer Bücher aneignen können.

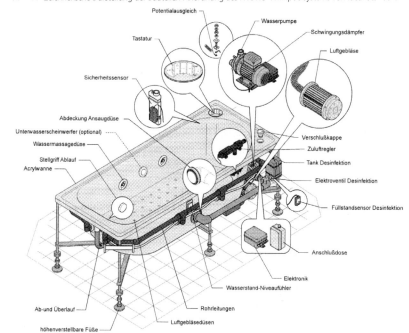

Abb. 107: Zeichnerische Darstellung der Bauteilen-Anordnung des COMBI-Whirlpoolsystems von Ideal-Standard

Gefällt Ihnen dieses Buch? Vielleicht sind Sie noch an weiteren Themen interessiert, die von **Bo Hanus** verfasst und vom **Franzis Verlag** herausgegeben wurden? Hier die Übersicht der Titel:

- **Öl- und Gasheizung selbst warten und reparieren** (128 Seiten)
- **Elektrische Haushaltsgräte selbst reparieren** (128 Seiten)
- **Hauselektrik selbst installieren und reparieren** (128 Seiten)
- **Elektrische Haushaltsgeräte selbst reparieren** (128 Seiten)
- **Haushaltselektronik selbst reparieren** (128 Seiten)
- **Der leichte Einstieg in die Elektrotechnik** (219 Seiten)
- **Drahtlos schalten, steuern und übertragen in Haus und Garten** (234 Seiten)
- **Drahtlos überwachen mit Mini-Videokameras** (205 Seiten)
- **Experimente mit superhellen Leuchtdioden** (153 Seiten)
- **Schalten, Steuern und Überwachen mit dem Handy** (97 Seiten)
- **Elektroinstallationen in Haus und Garten - echt leicht!** (97 Seiten)
- **Wie nutze ich Solarenergie in Haus und Garten?** (120 Seiten)
- **Solaranlagen selbst planen und installieren** (128 Seiten)
- **Solaranlagen richtig planen, installieren und nutzen** (300 Seiten)
- **Solarstromnutzung beim Campen, im Caravan, Wohnmobil und Boot** (97 Seiten)
- **Spaß & Spiel mit der Solartechnik** (112 Seiten)
- **Das große Anwenderbuch der Solartechnik** (367 Seiten)
- **Wie nutze ich Windenergie in Haus und Garten?** (97 Seiten)
- **Das große Anwenderbuch der Windgeneratoren-Technik** (319 Seiten)
- **Der leichte Einstieg in die Mechatronik** (268 Seiten)
- **Der leichte Einstieg in die Elektronik** (363 Seiten)
- **So steigen Sie erfolgreich in die Elektronik ein** (97 Seiten)
- **Spaß & Spiel mit der Elektronik** (120 Seiten)
- **Erfolgreicher Service elektronischer Musikinstrumente** (343 Seiten)
- **Das große Anwenderbuch der Elektronik** (351 Seiten)
- **Selbstbau-Roboter für Alarm- & Sicherheitsaufgaben** (172 Seiten)
- **Kampfspiel-Roboter im Selbstbau – Robot WARS** (97 Seiten)

Bemerkung: Einige der hier aufgeführten Bücher sind möglicherweise inzwischen im Buchhandel „vergriffen", stehen aber in Städtischen Büchereien als Leihbücher zur Verfügung bzw. werden da für den Interessenten besorgt.

Bezugsquellen-Hinweise – auch für Katalogbestellung:
Conrad Electronic, Klaus Conrad Straße 1, D-92240 Hirschau, Telefon 0180 / 53 21 11, Fax 0180 / 53 12 10, Internet: www.conrad.de
ELV, Telefon 0491 / 60 08 88, Fax 0491 / 70 16, Internet: www.elv.de
RS-Components, Hessenring 13b, 64546 Mörfelden, Telefon: 06105 /401 234, Fax: 06105 / 401 100, Internet: www.rsonline.de
Westfalia, Werkzeugstraße 1, 58082 Hagen, Telefon 0180 / 53 03 132, Fax 0189 / 53 03 130, Internet: www.westfalia.de

Weitere Bezugsquellen: Baumärkte und Fachhandel

Stichwortverzeichnis